U0875291

"大清名人抢鲜看"系列

宠辱之间

千古流传的大清外戚故事

姜 越◎主编

中国财富出版社

图书在版编目（CIP）数据

宠辱之间：千古流传的大清外戚故事/姜越主编. —北京：中国财富出版社，2014.1

（“大清名人抢鲜看”系列）

ISBN 978-7-5047-4937-6

Ⅰ.①宠…　Ⅱ.①姜…　Ⅲ.①外戚-列传-中国-清代　Ⅳ.①K828.9

中国版本图书馆CIP数据核字（2013）第231130号

策划编辑　李慧智　　责任印制　方朋远

责任编辑　张彩霞　　责任校对　饶莉莉

出版发行　中国财富出版社

社　　址　北京市丰台区南四环西路188号5区20楼　　邮政编码　100070

电　　话　010-52227568（发行部）　　010-52227588转307（总编室）

　　　　　010-68589540（读者服务部）　　010-52227588转305（质检部）

网　　址　http://www.cfpress.com.cn

经　　销　新华书店

印　　刷　北京柯蓝博泰印务有限公司

书　　号　ISBN 978-7-5047-4937-6/K·0093

开　　本　710mm×1000mm　1/16　　版　　次　2014年1月第1版

印　　张　15　　印　　次　2014年1月第1次印刷

字　　数　223千字　　定　　价　33.00元

版权所有·侵权必究·印装差错·负责调换

前　言

QIAN YAN

《红颜往事》中这样写道："所谓外戚，就是指皇帝的母族或者妻族。他们利用掖庭之亲，于朝廷之内总揽朝纲大权，在军事上居享兵戎之重，构成封建政治史上的怪胎：外戚政治。"

汉代是外戚政治极其突出的时期，从汉初的吕氏专权，差点让江山改姓；到汉武帝利用窦氏、田氏、卫氏等外戚来加强皇权；接下来有权臣霍光，几度废立皇帝；再到东汉的窦固、窦宪、王莽，都是外戚。

清朝外戚势力没有那么强大，很少能干预朝政。清初并没有汉族的立嫡立长之说，皇子都有可能当皇帝；雍正帝创立了秘密立储制，也杜绝了母族势力的壮大。

不过，在清朝外戚的名单中，却有一大批人物为众人所熟知，比如康熙朝中的重臣索尼、索额图父子，跨越康熙、雍正两朝的佟国维、隆科多父子，深受乾隆皇帝宠信的傅恒、福康安父子。

还有一个人您一定知道：大贪官和珅。他是乾隆皇帝的儿女亲家，他的儿子娶了乾隆最宠爱的小女儿固伦和孝公主，他的女儿、他弟弟和琳的女儿都嫁给了皇族，这亲缘关系真是牢不可破呀！

和珅不光官做得大，财力更雄厚。家中所藏的大珠比乾隆帽顶上的还大，全部财产加起来价值超过千万两白银，比清廷户部存银还要多。还有人说，和珅家中姬妾如云，多得数不清。那么，历史上的和珅到底是什么样的人呢？他又为什么说倒就倒了呢？

晚清大臣荣禄也是外戚。他是瓜尔佳氏，满洲正白旗人，因为受到慈禧太后的青睐，出任总理衙门大臣、兵部尚书。

荣禄一生唯慈禧马首是瞻，这是他官运亨通的唯一前提。慈禧也很信任他，撮合他与醇亲王结亲。荣禄的女儿嫁与醇亲王载沣，后生宣统帝溥仪，所以荣禄就是溥仪的外公。

荣禄做了慈禧戊戌政变的帮凶，这是他的最大污点，但他处在那个位置，只能做出这样的选择。我们也应当看到荣禄毕竟不同于顽固派，从他对于新政的态度，从他在庚子事变中的表现来看，他的确可以被看作是一个有见识的封建官僚。

慈禧以太后的身份主持朝政，使皇帝徒有虚名，按理说她的叶赫那拉家族也是外戚。她为了巩固权位也是处心积虑，先把自己的妹妹嫁给自己丈夫的弟弟奕譞，生了光绪皇帝；又把自己的侄女嫁给了光绪，这不是近亲结婚吗？总之大清国就任由她摆弄吧。她也有意扶持自己的弟弟桂祥，给他个将军干干，可惜桂祥不争气，难当大任，慈禧只好作罢。

这些皇亲国戚是怎么生活的，他们的家族如何显赫，又为何衰败？还是请读者朋友去书中寻找答案吧！

目录

MU LU

有惊无险度余生——索尼

君子之泽五世斩——索额图

兴衰荣辱皆由“天”——隆科多

不测富贵不寻穷——年羹尧

出将入相感皇恩——傅恒

戍边平乱“专业户”——福康安

举世闻名大贪官——和珅

慈禧太后的心腹——荣禄

光绪皇帝的岳父——桂祥

后　记

有惊无险度余生
——索尼

赫舍里·索尼（1601—1667年），赫舍里氏，满洲正黄旗。清朝的开国功臣，一等公爵，也是由孝庄皇后指定，辅助康熙的四位辅政大臣之一。他的孙女赫舍里氏后来成为了康熙的皇后。死后谥“文忠”，儿子索额图继承其职位和爵位。

索尼侍奉太祖、太宗、世祖三帝，可谓“三朝元老”。在皇太极驾崩后，索尼因坚持拥立皇子而惹怒了多尔衮。虽然这是出于对大清的忠诚，但还是接二连三地受到多尔衮的排挤、陷害，几乎被治死罪。直到顺治帝亲政，才再度出山，并为维护康熙帝的皇位立下了汗马功劳。

军功卓著，受努尔哈赤重用

崇德八年（1643年）八月十四日拂晓时分，吏部启心郎索尼偕同巴牙喇纛章京图赖、巴图鲁鳌拜率两黄旗大臣聚集在大清门外，索尼对大家说：现在大行皇帝归天，皇室无主，为了大清的江山千秋万代，遵循祖制，我们要拥立皇子为后续之人。说完，他举起右手带领众人对天发誓："吾属食于帝，衣于帝，养育之恩与天同大，若不立帝之子，则宁死从帝于地下而已！"接着，他下令两黄旗巴牙喇兵（护军），"张弓挟矢，环立宫殿"，其势极为雄壮威严，以示两黄旗人志不可移。这就是索尼为表示拥立皇子继位的决心而导演并参与的对确立帝位产生极大影响的盟誓行动。

索尼为什么要这样做呢？事出有因。

索尼是在后金建国初期，随父亲硕色由哈达部归附努尔哈赤的。由于他的父亲和伯父希福均通晓满、蒙、汉三种文字，努尔哈赤授予他"巴克什"称号（即先生、大儒），管理文案事，因此，索尼也被授予一等侍卫扈从于努尔哈赤左右。他对努尔哈赤十分忠诚，努尔哈赤也十分信任他。

天命四年（1619年），哈达部侵犯界藩城，索尼身先士卒，挥刀力战，击退来兵。后随努尔哈赤征栋揆，蒙古派大批援兵助栋揆，扎下二寨，与栋揆成犄角之势，力抗后金。索尼与诸将合作，集中兵力先攻一个寨，结果寨破，另一寨的将士也全部投降。

天聪元年（1627年），索尼随皇太极攻锦州。正遇明军千余人迁徙大凌河民户，索尼仅率骑兵 20 人，奇击明军，他立马横刀，孤军奋战，斩获许多明军，保护了大凌河。

天聪二年 (1628 年)，皇太极准备远征喀尔喀蒙古，向外藩征兵时，其他部落纷纷响应，唯有科尔沁部奥巴迟迟不出兵，使皇太极十分恼火。他派索尼偕同侍卫阿珠祜带着他的谕令前往科尔沁，斥责土谢图额附奥巴。当初，奥巴是蒙古科尔沁部的台吉，归附努尔哈赤时，努尔哈赤把舒尔哈齐的孙女（努尔哈赤养孙女，后封和硕公主）嫁给了他，目的是为了笼络他。不久，奥巴多次违背会约，与明朝暗中来往。这次皇太极向他征兵，他又迟迟不动，于是，索尼奉命前去宣谕天聪汗的敕谕。当索尼来到科尔沁部时，奥巴因患脚病，没有马上来见他，命其部人送来牛羊肉款待他，索尼严词拒绝，说："你们的汗有异心，你们的东西我怎么能吃呢？拿走!"说完就去晋见公主。部人将这个情况告诉了奥巴，奥巴在侍从的扶持下，也来到公主处，一进门，装作不知其事的样子，故意问公主："此人是谁?"索尼昂首大声回答："我们都是天朝汗的使者。你屡屡背约，本是有罪之人，按说应当与你绝交，只是因为公主在这里，我们才奉命来问候。"此时的奥巴正在后金和明之间选择靠山，主意未定，见索尼态度如此强硬，如果自己再犹豫下去，恐怕给部落带来灾祸。于是连忙吩咐左右设宴款待，索尼率阿珠祜等不屑一顾，拂袖而出。奥巴心中既没底又害怕，不知索尼一行此来为何，便派台吉塞冷询问索尼。索尼拿出谕旨，交给塞冷，谕旨皆为斥责奥巴之语，然后，索尼不等奥巴回音，便欲率随从先行回朝。奥巴看了谕旨，惊恐万分，命众人出帐挽留，索尼不从，众人皆哭泣，边哭边说："我汗要戴罪亲自入朝去道歉!"这时有些人跪下叩首，有些人则拉住索尼马缰绳，极力挽留，索尼才勉强留下。

第二天，奥巴又以患脚病为理由，令台吉拜恩噶尔和桑噶尔寨同索尼一起入朝谢罪。索尼见奥巴仍没有诚意，便气愤地说："你想解脱自己的罪过，而让他二人同我一块走，我岂是为拜恩噶尔等而来的?"奥巴又派人去探索尼的底："如果汗王饶恕我，我自然应诚恳谢罪，就怕汗王不容我而且赶我走。"索尼晓以大义，劝他说："皇上心胸广阔如天地，你如果认罪入朝晋见，必然得到同情和宽恕。”索尼这番话，使奥巴打消了顾虑，连连向索尼叩首致谢，决定亲自入朝。索尼见其诚心悔罪，便同阿珠祜偕其大臣党阿赖先行回朝奏明太宗皇太极。此行，索尼圆满地完成了任务，使科尔沁重新归附了后金。

天聪三年 (1629 年)，索尼随皇太极再次伐明。此次是袭扰京畿地区。当大军兵临北京城下时，明督师袁崇焕率部赴援，在京城东南双方对阵。起初贝勒豪格先冲入敌阵，明军一拥而上，将其包围，矢石如雨，豪格的处境十分危险。索尼见此情景，舍生忘死，策马冲入阵地，东拼西杀，挥刀如飞，斩杀敌人无数，终于杀出一条血路，救豪格突出重围。第二年，索尼又参加了收榛子镇，抚沙河驿，克永平的战斗，每到一处，他便以汉语遍谕军民，军民心悦诚服，皆归顺。这年七月，他被选任吏部启心郎。

天聪五年 (1631 年) 八月，索尼随皇太极围大凌河。九月中旬，辽东巡抚邱禾嘉等率兵七千自锦州出援大凌河，行至小凌河岸，与主动出击堵截明援军的后金兵遭遇，索尼持短刀步战，仍然把明军杀得大败。第二年，索尼又随皇太极征察哈尔，由大同入明边，夺取了阜台寨。天聪八年 (1634 年)，皇太极以索尼任吏部启心郎事毫无过失，授予他骑都尉世职，“日直内院”。崇德八年 (1643 年) 考绩，进三等甲喇章京 (参领)。

崇德八年八月初九，皇太极暴崩于清宁宫，他没有来得及安排后事，包括继位之事。于是，在诸王之间展开了争夺皇位的斗争。

清初，皇位继承制度尚不健全，没有明文规定前朝皇帝死后，由谁来继位，因此引起诸王的争斗也是必然的。势力位居诸王之首的睿亲王多尔衮对皇位觊觎已久，当然不能放过这个机会，皇子豪格地位显赫 (身为肃亲王)，能力出众，他以“父死子继”为据，同样要夺取皇位。

同年八月十四日，多尔衮按照八旗的惯例，就继承一事，首先征求皇太极所属两黄旗诸王与大臣的意见。他在三官庙特召索尼 (满洲正黄旗) 商议册立事。索尼果断地说：“先帝有皇子在，必立其一，他非所知也。”索尼说完，见多尔衮并没有赞同的意思，知其想自立为帝，于是，索尼于当天晚上演出了我们前面所提到的一幕，誓死为捍卫皇子的继承权而斗争。他之所以这样做，实出于对大清的忠诚，也是受了传统观念的影响。

正由于这个原因，此后的几年里索尼受到了握有实权的摄政王多尔衮的排挤。

忠于幼主，屡遭多尔衮排挤

顺治继位时，索尼会同谭泰、图赖、巩阿岱、锡翰、鄂拜在三官庙结盟，誓辅幼主，六人为一体。但随着多尔衮擅权揽政，势力日益膨胀后，谭泰、巩阿岱、锡翰皆违背盟约，依附于多尔衮，他们对索尼不依附多尔衮很不满意。

顺治二年 (1645 年)，索尼进二等昂邦章京 (都统)，多尔衮认为，索尼既然任都统了，就不应任文官，因此解索尼的启心郎职，但仍管理吏部事。

李自成败走前，放火烧了宫殿，朝议修建宫殿，但此时多尔衮也在营造自己的府第，招工备料，工部给造王府的工钱比较高，结果工匠们纷纷去王府工地干活，影响宫殿的工期。有个叫佟机的人对多尔衮提出异议，多尔衮大怒，要杀了佟机，索尼极力为其辩护，认为此人无罪，因此，多尔衮更加恨索尼。

英亲王阿济格轻慢皇上，视皇上为八岁小儿。索尼把此事告诉多尔衮，请治阿济格的罪，多尔衮却没有答应。多尔衮曾召集诸大臣议分封诸王的事，索尼认为不可，巩阿岱、锡翰等向多尔衮进谗言，说：“索尼这不是不让你平定天下吗？”请治索尼的罪，多尔衮也没有允许。索尼告发都统谭泰隐匿诏旨，谭泰因此被削去公爵。有一个人向索尼要古琴，索尼从库内取了一把漆琴给了他。索尼还曾令其仆从在禁门桥下捕鱼。另外，索尼见库院内的草长高了，便让牧者把马放进去吃草。这本来都是些无足轻重的小事，谭泰为报私仇，便胪列弹劾索尼，结果多尔衮命将索尼下法司查问，因此削去索尼的世职，永不叙用。

赫舍里·索尼

顺治三年 (1646 年) 正月，图赖弹劾谭泰，涉及索尼。图赖在上疏中举报顺治初年，清军在西安剿贼，谭泰由于后到，没有战功，到大军南下时，谭泰有顾虑，便告诉图赖不想参与，并一副非常不满意的样子。图赖说，他让人把此书送给索尼，让索尼向多尔衮报告，但索尼并没有报告。把捎书的人找来问时，此人却无中生有，说：“我把书交给索尼时，索尼嘱咐我不要声张。”诸大臣议索尼此罪当斩。多尔衮亲自审问索尼，索尼感到非常奇怪，他说：“以前我告发谭泰擅隐谕旨罪，现在我还能藏图赖的书而包庇谭泰吗？”大臣们又一次讯问捎书人，才知是佐领希思汉怕谭泰获罪，将书扔到河里了。真相大白，索尼遂昭雪。不久被授为二等子爵。

索尼始终不依附于多尔衮，在政事上还常常与多尔衮争论，多尔衮因此怀恨在心。顺治五年（1648 年），贝子屯齐等诬告索尼于崇德八年（1643 年）与图赖等谋立肃亲王，私结盟誓之事，因此，议他为死罪。顺治下旨，免其死罪。多尔衮却坚持革去他所有的职务，籍没家产，遣其去守昭陵。

忍辱负重，终成政坛不倒翁

顺治八年（1651 年），顺治帝亲政。念索尼对皇帝忠心耿耿，不畏权势，刚正不阿，以前议索尼罪不实为由，召其还京，复世职。此后，逐渐晋至一等伯，世袭，晋升内大臣，兼议政大臣，总管内务府。

索尼复职后，顺治帝对他十分宠信。顺治十七年（1660 年），帝下诏，命索尼上书，详言政事。索尼应召，就时弊胪列 11 条，上书与顺治帝，顺治帝认为所举皆为实事，应予以申禁，命照此施行。

顺治十八年（1661 年），顺治帝病逝，遗诏以玄烨继位，是为康熙皇帝，命索尼、苏克萨哈、遏必隆、鳌拜为辅政四大臣，索尼列首辅，地位在诸王之上。顺治帝以外姓四大臣辅政，是鉴于顺治初年多尔衮辅政危及皇权之教训。然而，索尼生怕引起诸王的不满，在宣布遗诏时，他立即跪下，请求诸王、贝勒与他们共任国政。诸王贝勒都说："大行皇帝深知你四大臣，所以委以重任，谁敢干预呢？"随后，索尼率辅臣在大行皇帝灵前盟誓："先皇帝不以索尼、苏克萨哈、遏必隆、鳌拜等为庸劣，遗诏寄托，保诩冲主。索尼等誓协忠诚，共生死，辅佐政务。不私亲戚，不计怨仇，不听旁人及兄弟子侄教唆之言，不求无义之富贵，不私往来诸王、贝勒等府受其馈遗，不结党羽，不受贿赂，惟以忠心仰报先皇帝大恩。若各为身谋，有违斯誓，上天殛罚，夺算凶诛。”

辅政不久，居功自傲的鳌拜便把誓言均忘在脑后，他轻视索尼，拉拢遏必隆，排斥苏克萨哈，结党营私，极力想占首辅之位。索尼因年老多病，力不从心，经常对鳌拜的专横跋扈持谨慎和回避态度，结果鳌拜的态度日渐嚣张，竟然在上朝时不顾秩序赶在索尼前面行走。

康熙四年（1665年），孝庄太皇太后为了笼络首辅索尼，使之更好地发挥首辅的威望和作用，遏制鳌拜，特降懿旨册立其孙女赫舍里氏为皇后，当年便举行了康熙皇帝的大婚礼，奉迎皇后入宫。康熙六年（1667年）正月，为了遏制鳌拜的野心和出于对目前局面的忧虑，索尼首先提出，并与诸大臣共同奏请皇帝亲政。四月，上谕表彰他的功绩：“辅政大臣伯索尼，太祖高皇帝时黾勉效力，太宗文皇帝任以内外大事，悉能果断，殚厥忠诚。世祖章皇帝时亦任以内外大事，竭忠纯笃。以其勋旧忠贞，堪受重托，遗诏俾令辅政。恪遵顾命，夙夜靖共，厥绩茂焉！今既染疴，且复年迈，宜特加恩宠，以示酬庸之典。”晋一等公，与前所授一等伯并世袭。索尼虽辞，下旨不允。康熙六年（1667年），康熙皇帝亲政，索尼病逝。

君子之泽五世斩
——索额图

索额图（1636—1703年），赫舍里氏，满洲正黄旗，索尼第三子，康熙孝诚仁皇后的叔父，世袭一等公。他有高贵的血统，却无半分纨绔之气。少年持重，温顺雅和却内藏刚毅，受命于危难之间，亲统宫掖护卫，斗智斗勇，一举擒获鳌拜，从而平步青云，直登首辅大臣，被授予保和殿大学士，领侍卫内大臣。一家显赫不亚于索尼之时。

树大盘根，他广植党羽，与大学士明珠争权夺利20余年。他为了能让太子登基，竟阴谋逼迫康熙退位，无奈康熙圣玥烛照，索额图迷茫中失了眼色，竟又错一步，企图武力夺权，最终落得囚死于幽所的下场，被康熙帝称为“本朝第一罪人”。

受康熙青睐，定计除鳌拜

索额图是索尼的第三个儿子（索尼二子早夭，《清史稿》记录索额图为二子，后经考证，实为三子）。他既是康熙的叔丈人（其哥哥噶布喇的女儿是康熙皇帝的孝诚仁皇后），又是太子胤礽的外叔公。他少年任侍卫，终日侍伴于康熙身边，与少年皇帝结下了深厚的感情，深得信赖与倚重。不久，便被晋升为一等侍卫。康熙亲政之后，他被授予吏部侍郎。在康熙决定除掉鳌拜之前，索额图又在康熙的授意下，辞去吏部侍郎之职，重返宫中任一等侍卫，目的是让他组织“善扑营”（康熙为除掉鳌拜而在原有的侍卫队之外增设的侍卫性组织，因为，当时宫内的侍卫基本已被鳌拜所把持），做除掉鳌拜的准备工作。他遵照康熙的旨意，每日带“善扑营”的十几个十五六岁的少年侍卫在宫院内摸爬滚打，做“布库”（摔跤）的游戏。即使是在上朝的时间，他们也照样嬉耍玩闹，有时康熙也来参加。鳌拜见只是一帮孩子，认为就是一般的娱乐玩耍，并不在意。但鳌拜万万没想到，这正是在为擒拿他做准备。

在这里，我们还要说说鳌拜。鳌拜自从当上摄政大臣之后，野心日益膨胀，他不满足于位居第四的现状，想尽办法往上爬。他排斥异己，打击和陷害位居第二的四大臣之一苏克萨哈，为了挑起黄白旗的矛盾，使苏克萨哈陷入孤立境地（四大臣中，只有苏克萨哈是白旗），他阴谋制造了圈换黄白旗旗地的事件，并矫旨冤杀了反对换地的大学士户部尚书苏纳海、直隶总督朱昌祚、巡抚王登联；康熙亲政，苏克萨哈辞职，鳌拜借此大做文章，以“不欲归政”的罪名杀了苏克萨哈，并株连其家族。由于内大臣费扬古（豫亲王多铎的儿子）与鳌拜一直不和，鳌拜就诬陷费扬古因皇帝派他去守陵而生怨恨，使费扬古被夺去辅国公爵位。费扬古的儿子、侍卫倭赫及侍卫西住、折克图、觉罗塞弼尔等值侍御前时，未曾对辅臣施礼，鳌拜一直怀恨在心，后因倭赫等侍卫擅乘御马、擅用御弓罪，将其斩首弃市，费扬古其他的儿子尼侃、萨哈连等也受到株连，其家产籍没，归了鳌拜的弟弟穆里玛。鳌拜私结党羽，扶持亲信，网罗了一大批朝廷要员，如大学士班布尔善、吏部尚书阿思哈、兵部尚书噶褚哈、户部尚书马尔赛都统济世、侍郎泰壁图、学士吴格塞等。鳌拜的儿子、侄子也在宫内任侍卫。鳌拜拉拢和利用遏必隆，有一次鳌拜擅自调拨护军为其守门，因而受到处罚，遏必隆因此很感激鳌拜，在摄政期间遏必隆事事听从鳌拜的摆布，成为他的同党。随着鳌拜的势力不断增长，他逐渐地开始轻蔑索尼。有一次上朝时，索尼率众臣按班上殿，走在最前面，鳌拜见他步履蹒跚、行动迟缓，便抢上前去，走到了遏必隆、苏克萨哈以至于索尼的前面，使众大臣惊讶不已。从此，鳌拜遇事便凌驾于索尼之上，俨然以首辅的面目出现，众人知其专横，敢怒而不敢言，逐渐习以为常。

索尼死后，鳌拜专权更加肆无忌惮。凡起坐班行，自动列于遏必隆之前；一切政事先在自己家中议定，然后施行；将奏启私自带至家中商酌；上朝时，如有人启奏，事先没与他商量，他便在大殿上当着皇帝的面加以呵斥；在皇上面前，凡事不以理进奏，多以旧时疏稿呈览，“逼勒（皇上）依允”；其死党户部尚书马尔赛死后，康熙明令不准赐谥，鳌拜竟公然抗旨，仍赐谥予马尔赛。

鳌拜的专横跋扈已达到极点，并危及皇权，使康熙忍无可忍。但他的羽翼已相当丰满，势力也相当强大，对付他不能强攻，只能智取。因此，康熙派索额图组织了第二个侍卫队——善扑营，伺机行动，铲除鳌拜。

这天清晨，康熙命索额图召集少年侍卫入宫，他亲至队前训话。他问大家：“尔等皆朕心腹之士，然朝内已为鳌拜夺势专权，尔等是屈从鳌拜还是听朕旨意?”众人异口同声地说:“惟皇上之命是从!”接着,康熙下达逮捕鳌拜的命令,索额图详细布置了行动方案。结果,在索额图的指挥下,少年侍卫顺利擒获了鳌拜,圆满完成了任务。

功高罪亦大,升迁皆无常

索额图在铲除鳌拜及其死党的行动中立了大功,从此,他平步青云,飞黄腾达。事后他因功被擢为国史院大学士,兼任佐领。康熙九年(1670年),内三院复改内阁,他被授予保和殿大学士。康熙十一年(1672年),加太子太傅衔。康熙十九年(1680年),授内大臣,再晋议政大臣。康熙二十五年(1686年),授领侍卫内大臣。

康熙二十五年,俄国多次侵犯黑龙江边境,烧杀抢掠,无恶不作,并占据了雅克萨城。清廷派大军围困,俄兵抵御不住,开城投降。但过了不久,俄兵又占据了雅克萨城,清廷又发兵围之。俄兵首领则派人向清廷谢罪,请撤去包围。康熙下诏许准退兵,但令俄方另外派人来商议边界问题。不久,俄方派费耀多罗等到贝加尔湖东南的色楞琴斯克,要求清廷派员在此谈判。

康熙二十七年(1688年),康熙指派索额图、佟国纲、马齐等率使团前往谈判。使团由郎坦等四名官员及800名八旗兵护送。按惯例,每个士兵可携带一名家仆,官员依官秩而定,可以带更多的家仆。这样,整个使团的人数竟达2000多人。同年五月三十日,使团浩浩荡荡地离开京城,取道西北出张家口,经归化,六月底进入蒙古。七月五日,索额图等遇到了举家南迁的蒙古人,一问才知,噶尔丹打败了蒙古人，现正在东进，沿途烧杀抢掠，正在向此地逼近，使团中的一些士兵闻讯纷纷逃亡。是继续往前走，还是返回京城，索额图举棋不定。直到七月二十二日，北京传来圣旨：鉴于蒙古与厄鲁特的战争，会谈延期举行，索额图如释重负，率使团返京。这次半途而止的出使，使900多人丧生，损失骆驼1000峰，马27000匹，耗银约250万两。

为了尽快解决中俄边界争端，康熙二十八年（1689年）康熙又派索额图、佟国纲率团与俄谈判。此次，康熙指定了尼布楚为谈判地点。同年四月，索额图等率使团经蒙古北行，七月初到达尼布楚。临行前，康熙授意，要以额尔古纳河为界，尼布楚和雅克萨归我界内，而俄方却提出将尼布楚和雅克萨归其境内，双方的意见有很大分歧。索额图列举了此二城归清朝的历史根据，斥责了俄方占据此地是一种侵略行径。索额图义正词严的发言，使俄方使者目瞪口呆，最终双方签订了《尼布楚条约》，议定以额尔古纳河和格尔必齐河为界，并立了一块界碑，垂示久远。

《尼布楚条约》的签订，使俄国获得很大利益，清政府虽作出很大让步，但收复了被俄长期占领的雅克萨城，结束了多年来中俄边界之间的战争，使两国边界出现了一段和平和稳定的时期，这是和索额图的努力分不开的。

康熙二十九年（1690年），厄鲁特蒙古首领噶尔丹以向清廷索要为之庇护的喀尔喀蒙古首领哲卜尊丹巴和土谢图汗为由，率两万大军南下，欲进犯内地。康熙命索额图率盛京、吉林、科尔沁兵与抚远大将和硕裕亲王福全会师于巴林，共同迎剿噶尔丹。八月一日，福全率大军与噶尔丹会战于乌兰布通峰下，此时，索额图部还没有赶到。噶尔丹抢占有利地形，并以万头骆驼构筑工事，抵御清军。福全率兵“隔河而阵，以火器为前列，径攻中坚”，由于清军处于劣势，战斗十分艰苦。经过一场血战，直到晚上七八点，才攻破蒙兵的驼阵。敌不支，溃逃。清军大败噶尔丹，但没有乘胜追击，放走了噶尔丹。此役，内大臣国舅佟国纲阵亡，清军损失甚众。

当噶尔丹连夜逃至刚阿脑儿（亦称牤牛泡子）时，索额图率盛京、吉林、科尔沁联军抵达达里诺尔，在这里整好截击噶尔丹，但因接到福全“暂止勿击”之令，使噶尔丹得以连夜逃走，又失去了一次彻底消灭敌人的机会。十一月，还师北京，康熙以“噶尔丹败遁，不率兵追剿”的罪名降索额图职四级，留任。

康熙三十五年 (1696 年) 三月，康熙亲征噶尔丹，命索额图领八旗前锋、察哈尔四旗、汉军、绿营军兵前行，并经理火器营事。四月，康熙所率中路驻跸科图，索额图等扈从大臣唯恐中路与敌交锋，惊了驾，千方百计劝康熙返回，因此，当康熙与他们讨论和分析敌人动向并问其大军急进还是等待时，索额图等便向皇帝奏说：“传闻噶尔丹已逃得很远，皇上当徐还，使西路兵前进。”康熙听完大为恼火，痛斥索额图等：“不知尔等视朕为何如人。我太祖高皇帝，太宗文皇帝，亲行仗剑，以建丕基，朕不法祖行事可乎？我师既至此地，噶尔丹可擒可灭，而肯怯懦退缩可乎？且大将军费扬古兵与朕约期夹击，今朕失约即还，则西路之兵不可问矣，还至京师何以昭告天地、宗庙、社稷乎？”索额图等见皇上态度如此坚决，便认错谢罪，再不提返回之事。

索额图

康熙亲率中路于五月初七到达克鲁伦河，噶尔丹闻讯惊恐万状，连呼：“是从天而降耶？”遂率部仓皇西逃。当逃至昭莫多时，进入费扬古为其设置的包围圈，被斩首 3000 余人，妻阿奴被杀，被擒百余人，被俘获驼马牛等 20 余万头，主力尽被消灭，噶尔丹只率数骑逃脱。

这次索额图随驾征噶尔丹，一直抱消极的态度，行前会议，索额图就和诸大臣一致反对，只有费扬古一人支持康熙的决定，行中还劝康熙中途返回，受到康熙的斥责。因此，索额图此次随驾出征是无功而归。

康熙三十六年 (1697 年) 三月，皇上巡幸宁夏，索额图随从而行。回銮至船站时，命索额图管理水路设站事。是年，噶尔丹死在逃亡途中，皇上念索额图曾随征有功，复前所降之四级。

康熙四十年 (1701 年) 九月，索额图以年老为由请求退休，皇上批准，其领侍卫内大臣职由其弟心裕任。

卷入夺储战，成第一罪人

康熙四十二年 (1703 年) 正月，皇上突然以“议论国事，结党妄行”为罪名拘捕了索额图，不久他便死在幽所里。其实，拘捕索额图的真正原因是他卷入了宫廷内的储位之争。

依清朝旧制，皇帝生前不立皇太子，康熙却打破了这一旧制，预立储君。他这样做，出于两个原因：一是鉴于前朝皇帝身后为争夺皇位兄弟子侄之间互相残杀的血的教训，二是受汉民族传统制度的影响，深知立储君有利于皇权的连续与稳固。

康熙十四年 (1675 年) 十二月十三日，康熙亲御太和殿，按汉族立嫡的原则，册立方满周岁的皇二子、嫡长子胤礽为皇太子。

胤礽是索额图的亲侄外孙，胤礽出生时，其母孝诚仁皇后就去世了，索额图作为外叔公，对胤礽格外疼爱和关怀，在宫中争夺储位时，他极力维护太子的地位，成为太子党的首脑人物。

太子册立之初，为抬高太子的地位，索额图在内阁会议上倡议，凡皇太子服御诸物，俱用黄色，所定一切仪注（关于某些重大活动的行为规定）要与皇上相似。康熙三十二年（1693年）三月，礼部拟奏祭祀奉先殿的仪注，规定太子的拜褥与皇上一起摆在门槛之内（但康熙没有同意，并革了礼部尚书沙穆哈的职）。内务府所属的膳房和茶房有四人私自出入太子府，侍候太子（康熙命斩其中三人）。

太子册立之后，宫中并未平静，觊觎皇位的皇子们把矛头一齐对准了太子及太子党，他们造谣诽谤，无中生有，向康熙进谗言，攻击太子及太子党，索额图自然也在其中。

胤礽自从当了太子，身居一人之下，万人之上，自幼时时处处与众不同，这种特殊地位，加上人们不时的奉迎，献殷勤，天长日久，胤礽便忘乎所以，目空一切，妄自尊大，奇骄至奢起来。他暴戾不仁，任意凌虐，恣行捶挞诸王、贝勒、大臣、官员，鞭笞检举他行为不端的人。他追求奢华，任意勒索地方官员，南巡江宁时，知府陈鹏年供奉简单，险些被太子处死。他胡作非为，纵容属下，派人截留蒙古王公进贡的驼马，放纵乳母的丈夫、内务府总管凌普敲诈勒索属下。

太子的不仁，康熙尚可容忍，其不孝，康熙却不能原谅了。康熙二十九年（1690年），康熙亲征噶尔丹，病在途中，令皇太子和皇三子驰前来迎接。胤礽给父皇请安时，没有一点忧戚之色，康熙“心甚不怿”，认为胤礽“绝无忠爱君父之念”，心口结了一个很大的疙瘩。

康熙听信谗言，把太子的不仁不孝归罪于索额图，认为与索额图的影响有关，因为索额图是太子最亲近的人。索额图身为大学士，在朝中位高权重，势力日渐膨胀，引起康熙的警觉。康熙十六年（1677年），康熙把户部尚书明珠提拔为大学士，以牵制索额图。明珠的妹妹是康熙的惠妃，生皇长子胤禔，身为舅舅的明珠，自从当了大学士之后，与内阁的一些重臣，结成反太子朋党，与索额图的太子党争权夺势。但由于他倚权胡为，徇私舞弊，结党排陷，贪赃枉法，卖官纳贿，于二十七年被罢大学士职。虽然明珠朋党被去除，但在索明两派的较量中，索额图也受到影响，使康熙认识到其势力不可忽视。

但对索额图致命的一件事，则是康熙四十一年（1702年）在德州陪护太子养病。这年太子随康熙南巡归来，行至德州时身染重病，康熙让他在此养病，并召索额图来德州陪侍他。也许是康熙的精心安排，借此观察索额图与太子的关系以及他们的活动，不然的话，为什么在拘捕索额图的上谕中提到，索额图在德州陪太子养病时，乘马至皇太子中门方下，并质问“尔自视为何等人”。可见，康熙曾派人监视他。从上谕中我们可以看出，康熙认为索额图和太子的关系不正常，即不分尊卑，不分里外，亲密无间，指责索额图把自己摆在了不适当的位置。另外，康熙给索额图定的罪是“议论国事，结党妄行”，主要指的也是索额图在德州陪太子期间有一些不轨行为，虽然没有真凭实据，但康熙认为索额图借此机会筹划发动宫廷政变，怂恿皇太子提前夺取皇位。康熙的猜疑虽然没有根据，但却把索额图置于了死地，那些太子党的对立派，却是借康熙的猜疑，达到了其铲除最大劲敌的目的。

索额图生前荣耀万分，身后却得了一个“本朝第一罪人”的恶名。

兴衰荣辱皆由“天”

——隆科多

隆科多（？—1728 年），佟佳氏，清满洲镶黄旗，康熙孝懿仁皇后之弟佟国维之子，康熙理藩院尚书兼步军统领，雍正朝吏部尚书加太保衔。于雍正三年（1727 年）被处永远禁锢，次年死于禁所。

雍正何以要置隆科多这位第一功臣于死地，还引发了雍正登基之谜的争论……

怙势专擅的皇亲国戚

清朝康熙晚期至雍正初年，在举朝群臣中，曾脱颖而出一位身份高贵的佟佳姓氏大臣，他就是雍正皇帝胤禛的舅父隆科多。

隆科多的家庭与爱新觉罗皇室有着数辈姻亲关系，他的祖父佟图赖是康熙皇帝的亲外公，父亲佟国维是康熙皇帝的舅父兼岳父。隆科多为佟国维的第三子，他的亲姑姑是康熙的生母孝康章皇后，他的姊妹当中有两人是康熙的后妃，一位是死于康熙二十八年（1689年）的孝懿仁皇后，另一位是直到乾隆八年（1743年）才去世的悫惠皇贵妃。如此重要的外戚关系，使隆科多在康熙中期以后，得以顺畅地踏上官宦仕途。从另外一方面看，雍正皇帝胤禛是康熙帝与孝恭仁皇后乌雅氏所生之子，但从小却养在孝懿仁皇后身边，虽在血缘上不是隆科多亲姊妹所出，但从辈分上论，隆科多仍可称为胤禛的外姓舅父。尤其重要的是，隆科多在康熙帝崩逝后由胤禛继位这一大是大非的事情上，起了至为关键的作用，连胤禛自己也曾说："皇考（康熙皇帝）升遐之日，大臣承旨者，惟隆科多一人。"正因为如此，隆科多在雍正初年自然倍受青睐和恩眷，而后来当胤禛皇位稳固之时，权势过重、声名过高的隆科多则必然被胤禛所顾忌并厌弃，他所面临的悲惨结局也是不言而喻的。

隆科多像清朝许多勋臣贵戚子弟一样，其发迹起步是由宫中侍卫为基础的。康熙二十七年（1688年），亦即康熙奏准佟国维家族由汉军旗改隶满洲旗属的同一年，隆科多被授为一等侍卫，入宫近御皇上身旁。康熙三十二年（1693 年），由此升任銮仪卫銮仪使。两年后，兼镶白旗汉军副都统。康熙四十三年（1704 年），调任正蓝旗蒙古副都统。康熙四十四年（1705 年），因为所属人违法，被康熙帝指责为不实心任事，遂罢去副都统、銮仪使之职，在侍卫处行走。康熙五十年（1711 年），升任提督九门步军统领，掌握着京师万余名绿营禁军，负有拱卫京师之责。

康熙晚年，诸皇子为争夺储位展开了激烈的斗争，令康熙大为伤神。先是太子胤礽骄纵昏暴，两次立而又废，晚年的康熙遂不再立太子，由于储位空悬，诸皇子竟起角逐，尤以皇八子胤禩据有有利之势，但他与康熙感情不和，互存芥蒂。胤禩受挫以后，本属他集团中的皇十四子胤禵继起谋取储位，胤禵较能得到康熙赏识，此时正值西北边疆策妄阿拉布坦叛乱之际，他被寄予重任，授为抚远大将军。但从后来看胤禵虽拥重兵，却远处边陲，对谋取皇太子之位实有不利的一面。

能与胤禵抗衡者只有皇四子胤禛。胤禛谋位手段高超，貌似轻快松弛，时常往来于寺宇僧人之间，实则暗中活动，随时迎合父皇意旨，博取欢心和信任。胤禛集团虽人数不多，也并非均居要津，但他外有藩邸旧人、川陕总督年羹尧可牵制在边陲的政敌，内有步军统领隆科多掌握着京师兵权，为他日后取得皇位奠定了基础。

康熙六十一年（1722 年）十一月十三日，一代明君康熙帝死于畅春园寝宫，终年 68 岁。康熙临终前，遗诏究竟以谁为嗣君，官、私史书记载不一。按胤禛的叙说，康熙临终前，召诸子及理藩院尚书隆科多至御榻前，留下遗言，以皇四子胤禛即皇帝位，隆科多是受末命众人中唯一的大臣。而民间盛传胤禛之即位，是矫改遗诏始得“篡位”，康熙病中本欲传位于皇十四子胤禵，但圣旨被隆科多所隐，康熙死时，胤禵未到，隆科多传旨遂立胤禛。看来隆科多确实是传遗诏之人，给隆科多定的四十一款大罪中，有一条罪状即言隆科多自称“白帝城受命之日，即是死期已至之时”，也是说隆科多曾受先皇末命。但隆科多是如实传诏，还是矫改遗诏擅立胤禛，其中究竟能起多大作用，却属费解之谜。隆科多身为诸皇子之舅，受到康熙信任，又握有京城军队，无论谁继位，都不会不重视他，而隆科多在胤禛与胤禵这两个一母同胞兄弟之间更倾向于谁，又是否会从中做手脚，都不得而知，未可妄议。不过雍正由亲王一步登上天子之位后，确实十分重视隆科多其人。

在康熙死后第二天，雍正即以尚书隆科多、大学士马齐、十三阿哥允祥等四人为总理事务大臣，令臣下所有奏事，交送四大臣办理，凡皇帝谕旨亦由四大臣传出。康熙死后的第九天，雍正又把佟国维在第一次废太子中获罪而失去的爵位赏赐隆科多，袭一等公。不几日，又下令尊称隆科多为“舅舅”，将皇帝与臣下之间的甥舅关系尊重予以承认，显示新皇上对隆科多的恩宠。同年十二月，隆科多被授为吏部尚书，仍兼步军统领之职；又以总理事务有功，加一等阿达哈哈番（满语“轻车都尉”），以其长子岳兴阿袭，次子玉柱也自侍卫擢为銮仪使。雍正元年（1723 年）三月，与川陕总督年羹尧同加太保。雍正二年（1724 年）六月，隆科多又兼领理藩院事，并任《圣祖实尉》《大清会典》的总裁官和《明史》监修官，清代统治者十分重视官修史书工作，常以德高望重之臣任总裁和监修官。隆科多还与年羹尧一道被赐给双眼花翎、赏穿四团龙补服和鞍马紫辔。

雍正对隆科多的宠信和重用，从侧面让人悟出握有禁卫之师的隆科多于雍正继位有扈翼之功。隆科多不比年羹尧，年羹尧不仅是胤禛的藩邸旧人，主仆二人一向过从甚密，而且年羹尧的妹妹在雍正为亲王时即为其侧福晋，而隆科多是通过拥立胤禛，才与胤禛的关系密切起来。雍正元年正月，雍正在年羹尧的奏折上批曰：“舅舅隆科多，朕与尔先前不但不深知他，此人真圣祖皇帝忠臣，朕之功臣，国家良臣，真正当代第一超群拔类之稀有大臣也。”雍正向来个性鲜明，对大臣宠信则溢于言辞之间，也可就此笼络人心，为主子效命。隆科多显然大受皇帝眷遇。雍正还在他的两位得力大臣之间做消除芥蒂的工作。年羹尧既是藩邸元老，又是朝廷最重视的川陕封疆大吏，加上禀性高傲，并不看重仅有外戚身份的隆科多。雍正经常做年羹尧的工作，希望年羹尧能与隆科多妥为相处，还自作主张，将年羹尧的长子年熙过继“与舅舅隆科多作子”，年熙正病重，雍正以为将他过继给隆科多，会使其病情好转。隆科多闻命后也满心喜说，将年熙更名得住，由于年熙病情太重，到底未能“得住”，但也可见雍正是视隆科多以及年羹尧为心腹之臣的。皇帝的信任，使隆科多的个人权力在雍正元年之际达到了巅峰状态。然而，雍正同时也是一个为政苛严、喜怒无常的君主，为人臣者倘若律己不严，恣意妄行，定难为其所容。

隆科多出自豪门大族佟佳氏，又是当今圣上的舅舅，受到特殊宠遇，难免不会怙势专擅。他任吏部尚书时，对官员所进行的铨选人皆称为“佟选”，可见隆科多之大权在握，已是满朝皆知。但将吏部所办铨选称作“佟选”，闹得沸沸扬扬，毕竟不合为臣之道，它触犯了天子大权独揽这根敏感的神经，对清代高度集权的专制君主而言尤其如是。

隆科多久在官场，耳濡目染，对雍正的为人也不是没有防备。雍正对获罪者常进行抄家，隆科多为防万一，将财产分藏到各亲友家和西山寺庙里，这么一来，倒招出他确有为朝廷所不容的不法把柄。

隆科多以辅位之功如此快捷地飞黄腾达，难免会使他逐渐滋生居功自傲的心态，而雍正皇帝胤禛本是一位处世缜密、精明，且性情严苛、冷戾的君王，他既容不得握有西疆军政大权而日渐骄横跋扈的年羹尧，也容不下这位权倾朝野、位高镇主的隆科多，这便注定了年、隆两人很快失势并最终身败名裂的命运。自古有言：“飞鸟尽，良弓藏；狡兔死，走狗烹。”仅仅到雍正三年（1725 年）年初，大红大紫的隆科多就开始失宠了。

与民同罪的圣上舅父

雍正三年（1725 年）正月，隆科多先被解除步军统领之任，六月，内廷又以其子玉柱行止甚为恶劣，革除玉柱的职务，交予隆科多管束。

此时，朝廷重臣年羹尧因恃权骄横已经获罪，雍正帝在处理年羹尧问题时借机把矛头指向隆科多，他向在朝大学士人等明说："此前因隆科多、年羹尧办事勤勉辛劳，朕尝赏给数种御用物品，以示鼓励。今日他二人却辜负朕心，交结专擅，诸事欺隐，命将所赏之黄带、紫扯手、双眼翎俱不许用，所赏之四团龙补服著交人。"

其时，吏部正在议年羹尧妄参他人之罪，吏部前后提出了两个处理意见，而在雍正看来，前议仅罢年职，实为徇情庇护，但后议又过其当，于是认为其中必是隆科多有意扰乱对年案的处理。如此妄为岂非罪加一等，隆科多遂被下都察院议处，削其一等阿达哈哈番世职，但免革公爵，命往凉州、阿兰善山等处修理城池，开垦地亩，并晓谕臣下："朕御极之初，隆科多、年羹尧皆寄予心腹，毫无猜防。孰知朕视为一德，彼竟有二心，招权纳贿，擅作威福，欺罔悖负，朕岂能姑息养奸耶？"又提醒隆、年二人不要重蹈康熙朝大臣明珠和索额图的覆辙，须痛改前非，方不致自取灭亡。雍正貌似人皆负我，有一副宽容心肠，实则对署理凉州总兵宋可进道："隆科多如年羹尧一般贪诈负恩，揽权树党，擅作威福"，着重指出他过去虽是你的上级，但这次到你处，对待这种"诳君背主小人，相见时不须丝毫致敬尽礼"。

隆科多这位昔日的"忠臣""良臣"，因未能恪守君臣之分，触犯了天子凛然不可侵犯的种种有形或无形的权力，必然要遭到皇帝的制裁。倘使他能像同时期的诸多官员一样唯命是从，时常保持如履薄冰、如临深渊的警惕，大可高枕无忧，颐养天年。反言之，当时清朝空前强化皇权，有清一代君主固然"圣明"过于前朝，而臣下却缺乏明代海瑞那样的敢于以死谏言的忠臣，更多的则是浑浑噩噩、唯唯诺诺、不知创新为何物的庸臣。在清代，平庸者尚且难保善始善终，何况隆科多确实有擅作威福的行为，其受命于先皇又应了"功臣不可为"的古训，他的失宠以至放逐，自当不免。

雍正决定在处理了年羹尧之后再论处隆科多。雍正三年（1725 年）十二月，朝廷以 92 款罪状赐年羹尧自裁，不过是重演了一幕封建时代并非罕见的旧剧。接着便是处置隆科多，雍正四年（1726 年）正月，隆科多家两个叫牛伦、王五的仆人，挟主人之威勒索受贿于人，此时恰到好处地事发暴露于众，且牵及主人，供出隆科多曾收受年羹尧、总督高世显、觉罗满保、巡抚甘国壁、苏克济、奉天府丞程光珠、道员张其仁及知府姚让等人贿赂的金银诸款。于是牛伦被斩。隆科多被罢去尚书一职，雍正令他去阿尔泰山与策妄阿拉布坦议定准噶尔和喀尔喀游牧地界，然后等候与即将到达中国的俄国使臣会谈。

雍正三年五月，俄国沙皇叶卡捷琳娜一世派萨瓦·拉古津斯基伯爵，以枢密官的头衔，为"特遣驻华全权大臣"，就中俄中段边界及两国贸易问题进行谈判。这个使团是经过精心筹划组建的，配有"中国通"的助手，还有一支包括1300名步兵、100名龙骑兵的军队，另有地理学家、教士及其他官员随行，清廷则指定喀尔喀郡王、额驸策凌以及隆科多为谈判成员。俄国使团从雍正三年九月出发，次年夏天与隆科多等相会于恰克图附近的布尔河。至京，雍正派吏部尚书查弼纳、理藩院尚书特古忒和兵部侍郎图理琛等人与俄国使节谈判。

雍正五年（1727年），拉古津斯基回到布尔河后，继续与隆科多等人谈判。隆科多坚决要求俄国归还侵占的喀尔喀土地，俄使竟以战争相威胁。而此时，隆科多私藏玉牒缮本之事被揭出，雍正降旨询问，隆科多并未据实具奏。朝廷诸大臣请等隆科多谈判完毕再行捕拿议处，但雍正认为勘议边界之事并非无人办理，况且这是最易解决之事，他说："俄罗斯事最易料理，朕前遣隆科多前去，非以不得不用其人，必须隆科多而使之也，特与效力之路，以赎罪耳，乃其去后所奏事件，不但不改伊之凶心逆心，且并不承认过失，将朕行查之事降匿巧饰，无一诚实之语。"雍正对隆科多的骄恣行为大为反感，于是在六月将隆科多逮捕回京。

雍正五年七月，中俄双方经过30次谈判，签订了《布连斯奇条约》划定了中俄在喀尔喀地区的疆界，清朝为避免纠纷，继《尼布楚条约》划定中俄东段边界之后，此次又划定了中俄中段边界，在一段时期内遏制了俄国对华扩张的野心。俄使在条约签订后，急忙向沙皇报喜，认为新划边界非常有利于俄国，之所以如此顺利解决其原因之一是隆科多的被召回。雍正囿于君臣之间的利害得失，在谈判的关键时刻撤下坚持原则、维护清朝利益的隆科多，无疑是一种失策之举。

同年十月，雍正命诸王大臣就隆科多一案议处。最终以 41 款大罪公布朝野，本议立即斩决，妻子为奴，财产没收入官，但雍正说："皇考升遐之日，大臣承旨惟隆科多一人。今因罪诛戮，虽于国法允当，而朕心则有不忍。"便在畅春园外空地上造屋三间，将隆科多永远禁锢于此，其赃银数十万两，从家产中追补抵偿。隆科多的妻、子为人奴，夺其长子岳兴阿一等阿达哈哈番世爵，次子玉柱发配黑龙江当差。雍正六年（1728 年）六月，隆科多死于禁所，朝廷赐银一千两治丧，其弟庆福袭一等公爵。隆科多的 41 款大罪中，大不敬之罪五条，欺罔之罪四条，紊乱朝政之罪三条，党奸之罪六条，不法之罪七条，贪婪之罪十六条。其中"交结阿灵阿、揆叙，邀结人心"，是其党奸罪之一。阿灵阿官至康熙朝理藩院尚书，是遏必隆之子；揆叙是康熙朝翰林院掌院学士兼礼部侍郎，大学士明珠之子，二人皆善交游，在康熙末年均为皇八子胤禩的党人，雍正即位后，以二人"居心险恶，结党营私"，予以夺官削谥或严遣。此处指隆科多与阿灵阿、揆叙相交结，这是昔日的老账重提。

隆科多虽以身陷囹圄免除了斩首之刑，妻子儿女亦得保全，但其长子被革职、次子被发遣戍边，其家产尽被追赃入官，就足以令佟佳氏家族蒙受耻辱，并就此一蹶不振。尤其重要的是，隆科多由高高在上的当朝重臣，仅因皇帝的猜忌和个人意志的转移，而一下变为阶下囚徒，这种从顶峰到深渊的跌落，不是任何人都能够承受的。隆科多得势之际的辉煌与耀眼，更衬托着他失势时的悲惨和凄凉，说明他确实未能得到善终，成为封建帝王掌权当政，而后又轻易丢弃的可悲牺牲品。

不测富贵不寻穷
——年羹尧

年羹尧（1679—1726年），汉军镶黄旗，进士出身，官至四川总督、川陕总督、抚远大将军。凡看过电视连续剧《雍正王朝》的观众，都一定会对年羹尧留下深刻印象。这位显赫一时的年大将军曾经屡立战功、威震西陲，满朝文武无不服其神勇，同时也得到雍正帝的特殊宠遇，可谓春风得意。但是不久，风云骤变，弹劾奏章连篇累牍，各种打击接踵而至，直至被雍正帝削官夺爵，列大罪92条，赐自尽。一个曾经叱咤风云的大将军最终落此下场，实在令人扼腕叹息。那么，历史上的年大将军究竟是一个什么样的人？又是什么原因导致雍正要下决心除掉这个自己曾经倚为心腹的宠臣？

平叛有功，倍受荣宠

年羹尧，字亮工，号双峰，原籍安徽怀远，汉军镶黄旗人。其父年遐龄官至工部侍郎、湖北巡抚，其兄年希尧亦曾任工部侍郎。他的妹妹是胤禛的侧福晋，雍正即位后封为贵妃。年羹尧的妻子是宗室辅国公苏燕之女。所以，年家可谓是地位显贵的皇亲国戚、官宦之家。

虽然年羹尧后来建功沙场，以武功著称，但他却是自幼读书，颇有才识。他于康熙三十九年（1700 年）中进士，不久授职翰林院检讨。翰林院号称“玉堂清望之地”，庶吉士和院中各官一向绝大多数由汉族士子中的佼佼者充任，年羹尧能够跻身其中，也算是非同凡响了。康熙四十八年（1709 年），年羹尧迁内阁学士，不久升任四川巡抚，成为封疆大吏。据清人萧奭所著的《永宪录》记载，这时的年羹尧还不到 30 岁。对于康熙的格外赏识和破格提拔，年羹尧感激涕零，在奏折中表示自己“以一介庸愚，三世受恩”，一定要“竭力图报”。到任之后，年羹尧很快就熟悉了四川通省的大概情形，提出了很多兴利除弊的措施。而他自己也带头做出表率，拒收节礼，“甘心淡泊，以绝徇庇”。康熙对他在四川的作为非常赞赏，并寄以厚望，希望他“始终固守，做一好官”。

后来，年羹尧也没有辜负康熙帝的厚望，在击败准噶尔部首领策妄阿拉布坦入侵西藏的战争中，为保障清军的后勤供给，再次显示出卓越的才干。康熙五十七年（1718 年），授年羹尧为四川总督，兼管巡抚事，统领军政和民事。康熙六十年（1721 年），年羹尧进京入觐，康熙御赐弓矢，并升为川陕总督，成为西陲的重臣要员。这年九月，青海郭罗克地方叛乱，在正面进攻的同时，年羹尧又利用当地部落土司之间的矛盾，辅之以“以番攻番”之策，迅速平定了这场叛乱。康熙六十一年（1722年）十一月，抚远大将军、贝子胤禵被召回京，年羹尧受命与管理抚远大将军印务的延信共同执掌军务。

到了雍正即位之后，年羹尧更是倍受倚重，和隆科多并称雍正的左膀右臂。年羹尧与胤禛是亲郎舅，在胤禛继位前已为他效力多年，二人的亲密程度自不必多言。雍正元年（1723年）五月，雍正发出上谕：“若有调遣军兵、动用粮饷之处，著边防办饷大臣及川陕、云南督抚提镇等，俱照年羹尧办理。”这样，年羹尧遂总揽西部一切事务，实际上成为雍正在西陲前线的亲信代理人，权势地位实际上在抚远大将军延信和其他总督之上。雍正还告诫云、贵、川的地方官员要秉命于年羹尧。同年十月，青海发生罗卜藏丹津叛乱。青海局势顿时大乱，西陲再起战火。雍正命年羹尧接任抚远大将军，驻西宁坐镇指挥平叛。

年羹尧

到了雍正二年（1724年）初，战争的最后阶段到来，年羹尧下令诸将“分道深入，捣其巢穴”。各路兵马遂顶风冒雪、昼夜兼进，迅猛地横扫敌军残部。在这突如其来的猛攻面前，叛军魂飞胆丧，毫无抵抗之力，立时土崩瓦解。罗卜藏丹津仅率200余人仓皇出逃，清军追击至乌兰伯克地方，擒获罗卜藏丹津之母和另一叛军头目吹拉克诺木齐，尽获其人畜部众。罗卜藏丹津本人因为化装成妇人而得逃脱，投奔策妄阿拉布坦。这次战役历时短短 15 天（从二月八日至二十二日），大军纵横千里，以迅雷不及掩耳之势横扫敌营，犁庭扫穴，大获全胜。年羹尧“年大将军”的威名也从此震慑西陲，享誉朝野。

平定青海战事的成功，实在令雍正喜出望外，他在给年羹尧的贺信中说：“青海蒙古叛乱的平定关系国家命运，如此迅速干净地圆满解决，实属梦寐也不敢希望的事，可见你我君臣必然上天有可怜处，方能保佑我们顺利平定叛乱。”

通晓文理，处事果断

年羹尧在统领清军平定叛乱的过程中，有许多传奇的故事被后人所称颂，从中可以看出他作为统帅，平时善于学习，上知天文下晓地理，具有丰富的知识，战时则机警过人，思维敏捷，处事果断，不愧为合格的统帅。

过沼泽出奇兵。当年羹尧率大军在青海征讨发动叛乱的蒙古族叛军时，有一次，当清军隐蔽地接近叛军的营地时，却被一片沼泽地挡住了前进的道路。这片沼泽地虽然不很宽，但却又是积水，又是杂草，表面上看不出什么，但杂草下面却掩盖着许多深不见底的泥潭，人和马若踩上去就会立即陷入泥潭中，转瞬就会被潭中的淤泥所吞没。很显然，叛军是利用这道天然防线，阻止清军的突然攻击。得知年羹尧率几万清军前来围剿，他们并不十分惊恐，防守得也很松弛，他们想，有这道天然防线，清军就是有三头六臂也难打过来。

等年羹尧率领前锋部队几千人悄悄来到后，发现了这片沼泽，便传令部队在隐蔽处扎下营盘，自己只带少数侍卫前往沼泽地察看。他一边察看，一边思考着通过的办法，终于想出一条用草束、搭营帐的木板破敌的妙计。

回营后，马上传令：要求全军将士每人准备一块搭营帐的木板或一束干草，准备次日发起进攻。兵将们听到这一命令后都很奇怪，便纷纷议论说："往常临阵之前，大将军总是要我们磨快刀，擦亮枪，可这次却让带这些东西，真是稀奇!"

第二天凌晨，天还未亮，年羹尧便把人马带到沼泽地边。当将士们面对着这样一片人迹罕至、遍地泥水、杂草丛生的沼泽地时，全都惊呆了。到这时，他们才明白了年大将军命令的含意。许多士兵看看眼前的沼泽地，又看看随身携带的木板和草束，无不由衷地佩服年大将军的远见和奇谋。在年羹尧的指挥下，清军先把草束抛到泥水中，上面再铺上木板，用不多时，便在沼泽地上搭起了一条通路，保证了大队人马顺利通过。

当清军通过沼泽攻入叛军营盘时，刚刚起床的叛军被突然出现在眼前的清军给吓蒙了，他们做梦也没有想到清军大队竟然能顺利通过这片沼泽，还以为是神兵天降，顿时乱作一团。而此时冲入敌阵的清军，却是个个精神抖擞，奋勇争先，左杀右砍，很快就把叛军杀得落花流水，取得了这场战斗的胜利。

辨风察敌。有一次，年羹尧率大军征讨叛乱，行至日落西山，正好来到一片丘陵地。这里丘陵起伏，有草地，有森林，有河流，年羹尧命令大军依山安营下寨，驻扎下来。

半夜时分，年羹尧正在大帐内看兵书，四周出奇地安静，忽然他听到一股疾风从西而来，掠过他的大帐上方，转瞬之间消失了。他吃了一惊，感觉到有什么意外情况将要发生，沉思良久，他预感到有敌情，便立即派人叫来一位精明的参将，让他火速率领轻骑兵 300 名，驰往西南方向的密林中搜查叛军。这位参将接受命令后，心想：大家都在议论，敌人大军离这里有千里之遥，怎么年大将军却让我带兵到不远处的密林中搜叛军，难道叛军身上长翅膀了？年大将军该不会草木皆兵吧。然而，他深知，年大将军一贯军令如山，必须执行命令，这位参将只好半信半疑地率领着几百名轻骑兵奔向西南方的树林。

经过搜查，果然发现有数百名叛军正集聚在那里，策划着袭击清军大营的阴谋，看到这一切，参将是既吃惊又兴奋，他指挥清军趁他们不备，突然发动袭击，一举歼灭了这股叛军。

当这位参将率军兵凯旋后，以敬佩的心情向年羹尧请教，问他怎么知道叛军会前来劫营的，年羹尧对他说："半夜时分，突然刮过一阵风，来得急，去得快，那绝不是风，而是群鸟飞翔时双翼振动掀起的风声。在夜里，鸟群应该是留宿在树林中，它们突然飞出，肯定是受到惊吓。根据这一迹象，我才判断叛军有可能藏在西南方的树林中。事实证明，果不其然。"听了这番话，这位参将对年大将军更是由衷佩服。

战场上情况复杂，瞬息万变，年羹尧明察秋毫，见微知著，通过一个细小的情况变化，便透过现象，把握本质，从而做出正确的决策判断，真可谓机智过人。

闻雁鸣破敌军。1723年深秋的一天，年羹尧率军由甘肃前往青海平定叛乱，由于军情紧急，一路急行，到达西宁附近时，天已经完全黑了，他便命令军队安营扎寨，将士们由于连续几天的行军，疲惫不堪，饭后便都入睡了。当夜入三更时，一群大雁带着凄惨的鸣叫声，从营帐上空飞过，年羹尧被这突如其来的雁叫声所惊醒，素来机警过人的他一跃而起，披衣握剑出帐，仔细观看，只见星光映照下的雁群，时隐时现地向东南方飞去。

年羹尧返回帐中，紧锁眉头，来回踱着步子，反复思索着其中的奥妙。今夜天黑无月光，按常理大雁应该群宿水边，倘若无人惊动，是不会夜间飞行的。况且群雁低飞，且鸣声不断，看来大雁的起飞地点距此不会太远，并且很可能是受到了惊吓。此时，年羹尧又联想到白天派出的侦探提供的情报，叛军活动区域距此已不远，而宿营地的前方隐约看到山脉。种种情况联系到一起综合分析后，他脑海中显现出一个清晰的判定，前面百里处可能是群山并且有河水或水泊，是叛军出入必经之地，估计是叛军想趁我远道而来，人地生疏，疲惫不堪，疏于防备，前来劫寨。刚才大雁悲鸣，可能是叛军夜间涉水而惊动了雁群的缘故。他还料定，叛军可能是骑马而来，估计四更后即可到达营寨。于是，他当即定下了夜间设伏，一举歼灭这股偷营劫寨的叛军的决心。

想到这里，处事果断的年羹尧来不及召集众部将具体商讨，便整装出帐，亲自指挥士兵分四路，在离营寨十里外设伏。年羹尧对众将士说："四更时分，叛军将前来劫我营寨，大家设伏待敌，要沉着果敢，听命令，奋勇杀敌，誓灭乱军，功高者重赏。"这道军令，使众将士感到突然和困惑，然而大家都知道年大将军素来用兵如神，这次半夜突然命令大家设伏歼敌，虽然不明白其中的缘由，但还是遵令四面设伏，丝毫没有怠慢。

不到四更时分，诸将率领各路兵马便按照命令设下埋伏。将士们刀箭在手，火器待发，虎视眈眈，专等叛军到来。不多时，只见远处有三路骑兵，黑压压地朝着清军营地急驰而来。

将士们见此情景，无不佩服大将军年羹尧料敌如神。待叛军进入伏击圈后，清军伏兵骤然而起，喊杀声震天，叛军们被这突如其来的袭击惊呆了，没想到清军早有防备，随即个个惊慌失措，队伍如同马蜂巢被人捅了一样，立时大乱，清军官兵一拥而上，弓箭响，刀光闪，枪炮鸣，不一会儿，叛军们便被杀得人仰马翻，死伤无数，未死者只得掉转马头，大败而逃，天亮时，将士们凯旋。

当日，年羹尧传令全军将士，清理缴获的军马兵器，休整三天，并赐美酒佳肴慰劳大家，营寨内一片欢腾。众将领共同举杯，向年大将军祝贺。席间，有将领问他是如何知道有叛军来袭的。年羹尧说："孙武子也在《行军篇》中讲过：鸟起者，伏也；兽骇者，覆也。意思是说，鸟雀惊起的地方，可能有敌人的伏兵；野兽惊骇奔跑，可能是敌军大举偷袭而来。望各位将领用心研讨，努力施行，每次征战必有长进，长此以往，不愁不能用兵如神。"

诸位将领听完此言，无不点头称是。三天后，年羹尧继续率军西进。经数次交战，在不到一年的时间内，即平定了十几万叛军，大获全胜。

年羹尧在率军征战中，一方面调兵遣将，指挥作战；另一方面不断学习古人的兵法战策，在实战中灵活运用，总结作战，写下了不少带兵打仗的经验和读书心得体会，整理编成了《治平胜算全书》《年将军兵法》等。其中《治平胜算全书》对战场选择、治军、兵器使用、城寨攻守、火攻水战等，均有所论述。书中关于治军、作战的论述，尤其精彩。书中特别提到军队的军容、军纪、军威、士气、号令等的整治与训练。他认为，平时对军队训练严格，战时才能指挥自如。无战事时，军队战斗力的保持和提高，在于根据未来作战需要选择训练内容，刻苦训练；战时则主要是通过鼓舞将士们的士气，提高军队的杀敌能力。出兵之前应严明军纪，坚定将士必胜的信心。由于年羹尧多年在边疆平乱，所以他特别强调战前充分准备，做到胜算在胸，作战中间，根据战场情况，趋利避害，调查土俗，以己之长击敌之短。此外，书中对攻守城战法，夜战、水战、火战原则以及火器、地雷的配备和使用也都有所论述。该书是理论与实战经验结合的一部有价值的兵书。

年羹尧作为封建统治阶级的忠实护卫者，为清王朝的统一和稳定，竭尽全力，东征西战，表现出非凡的军事才能，功绩是值得肯定的。

恃功而骄，君臣反目

平乱之后，年羹尧不仅兵权得到了巩固，而且进一步参与朝中事务。雍正在给年羹尧的朱谕中让他考察各地年景、吏治民生得失、举国上下大小官员优劣等事情。这些本是朝中宰辅的职责，雍正却让年羹尧做，信任程度可见一斑。

在雍正推行新政的过程中，山西巡抚诺岷提出了“耗羡归公”的想法。雍正大加赞赏，遂交廷臣讨论，但异议甚多。雍正左右为难，犹豫不定，便征求年羹尧的意见：“此事朕不洞彻，难定是非，和你商量，你意如何?”可见，雍正甚至在朝政治理方面，也十分看重年羹尧的意见。

年羹尧所受的恩遇之隆，古来人臣罕能相匹。雍正二年（1724年）十月，年羹尧入京觐见，获赐双眼孔雀翎、四团龙补服、黄带、紫辔及金币等非常之物。年羹尧本人及其父年遐龄和一子年斌均已封爵，十一月，又以平定卓子山叛乱之功，赏加一等男世职，由年羹尧次子年富承袭。

在生活上，雍正对年羹尧及其家人也是关怀备至。年羹尧的手腕、臂膀有疾及妻子得病，雍正都再三垂询，赐送药品。对年羹尧父亲年遐龄在京情况，年羹尧之妹年贵妃以及她所生的皇子福惠的身体状况，雍正也时常以手谕告知。至于奇宝珍玩、珍馐美味的赏赐更是时时而至。一次雍正赐给年羹尧荔枝，为保证鲜美，令驿站六天内从京师送到西安，这种赏赐可与唐明皇向杨贵妃送荔枝相比了。

年羹尧自以为功高荣宠，逐渐自我陶醉，妄自尊大。

在平定西北边事后，年羹尧竟然要与前任大将军王皇十四子胤禵相比拟，甚至还想超越胤禵的地位。年羹尧身为大将军，与各省督抚往来文书应当用咨文形式，以示平等。但他视同等官位的官员为自己的下属，给将军、督抚的函件使用令谕。

年羹尧进京陛见时，都统范时捷、直隶总督李维钧都得跪着迎接。郊迎的王公以下官员跪接，年羹尧安坐而过，看都不看一眼。王公下马问候他，他也只点点头。雍正看见年羹尧随从的武将和士卒穿着沉重的甲胄，便叫他们脱下来，竟没有一个人敢脱。等到雍正皇帝告诉年羹尧，可以脱下甲胄，年羹尧下令，将士们才敢卸下铠甲。

年羹尧还任人唯亲，植党营私。擢升大将军后，他常以军功保举官员，滥用私人。吏部看是年羹尧的举荐，也格外重视，另立一类，称之为“年选”。

年羹尧保举官员时，大多营私纳贿。如被年羹尧奏参过的葛继孔，通过两次打点，送铜器、瓷器、玉器、字画等物，年羹尧因而答应对其“留心照看”。因被年羹尧密奏而罢官的赵之垣，送了价值十万两银子的珠宝之后，年羹尧转而保举其可以起用。借雍正二年进京之机，年羹尧特地将赵之垣带到北京，“再四恳求引见”，力保其人可用。

这样，年羹尧逐渐形成了以自己为中心的朋党集团。该朋党集团还有王景灏、胡期恒、金启勋、王篙、刘世奇、黄起宪等数十人，这些人不一定都是年羹尧的死党，但都与他休戚相关，荣辱与共。这个集团的形成，严重地影响了朝廷政令的实施。

随着年羹尧的权势愈来愈重，其横行不法、贪黩侵蚀的事情也随之越来越多。如平定青海后，年羹尧在军饷上大做手脚，不据实奏报，专权处置。后经统计，年羹尧贪黩侵蚀的钱粮总计达数百万两之多，使战时的国库一度吃紧。

雍正对年羹尧的所作所为逐渐失去忍耐，下决心加以惩处。年羹尧是朝中重臣，又是皇亲国戚，雍正首先要做的，是在大臣中吹吹风，释放出信号，使大臣们知道皇帝的态度。雍正要求自己的心腹大臣，与年羹尧划清界限，揭发年羹尧的劣迹，以争取保全自身，同时也让年羹尧的亲信们知道，现在到了疏远和摆脱年羹尧的时候了，不要站错了队。这就为公开处治年羹尧做好了准备。

接着，雍正把矛头直接指向年羹尧，将其调离西安老巢。

到了雍正三年（1725年）正月，雍正对年羹尧的不满开始公开化。年羹尧指使陕西巡抚胡期恒参奏陕西驿道金南瑛一事，雍正说这是年羹尧任用私人、乱结朋党的做法，不予准奏。

年羹尧曾经参劾四川巡抚蔡珽威逼所属知府蒋兴仁致死，蔡珽因此被罢官，经审讯后定为斩监候；而年羹尧的私人王景灏得以出任四川巡抚。这时雍正已经暗下决心要打击年羹尧，蔡珽被押到北京后，雍正不同意刑部把他监禁起来，反而特地召见他。蔡珽陈述了自己在任时因对抗年羹尧而遭诬陷的情况，又上奏了年羹尧"贪暴"的种种情形。雍正于是传谕说："蔡珽是年羹尧参奏的，若把他绳之以法，人们一定会认为是朕听了年羹尧的话才杀他的。这样就让年羹尧操持了朝廷威福之柄。"因此，雍正不仅没有给蔡珽治罪，而且升任他做了左都御史，成为对付年羹尧的得力工具。

雍正三年三月，出现了"日月合璧，五星联珠"的所谓"祥瑞"，群臣称贺，年羹尧也上贺表称颂雍正夙兴夜寐，励精图治。但表中字迹潦草，又一时疏忽把"朝乾夕惕"误写为"夕惕朝乾"。雍正抓住这个把柄借题发挥，说年羹尧本来不是一个办事粗心的人，这次是故意不把"朝乾夕惕"四个字"归之于朕耳"。并认为这是他"自恃己功，显露不敬之意"，所以对他在青海立的战功，"亦在朕许与不许之间"。接着雍正更换了四川和陕西的官员，先将年羹尧的亲信甘肃巡抚胡期恒革职，署理四川提督纳泰调回京，使其不能在任所作乱。四月，解除年羹尧川陕总督职，命他交出抚远大将军印，调任杭州将军。

最后一步是勒令年羹尧自裁。年羹尧调职后，内外官员更加看清形势，纷纷揭发其罪状。雍正以俯从群臣所请为名，尽削年羹尧官职，并于当年九月下令捕拿年羹尧押送北京会审。十二月，朝廷议政大臣向雍正提交审判结果，给年羹尧开列92款大罪，请求立正典刑。其罪状分别是：大逆罪 5 条，欺罔罪 9 条，僭越罪 16 条，狂悖罪 13 条，专擅罪 6 条，忌刻罪 6 条，残忍罪 4 条，贪婪罪 18 条，侵蚀罪 15 条。

雍正说，这 92 款中应服极刑及立斩的就有 30 多条，但念及年羹尧功勋卓著、名噪一时，“年大将军”的威名举国皆知，如果对其加以刑诛，恐怕天下人心不服，自己也难免要背上杀戮功臣的恶名，于是表示开恩，赐其狱中自裁。

年羹尧接到雍正的自裁令，都不敢相信自己的眼睛，迟迟不肯动手。他还以为雍正会下旨赦免他，可一直都没有消息。在老对手、时任左都御史兼监刑官蔡珽的严加催促下，年羹尧最终绝望地自缢。

就当时的情形来看，雍正对年羹尧的家人还是从宽处理的，没有诛灭九族。其父年遐龄、其兄年希尧被革职。除其子年富斩立决外，其余 15 岁以上之子发遣广西、云南、贵州极边烟瘴之地充军，嫡亲子孙将来长至 15 岁者，皆次第照例发遣，永不赦回，也不许为官。年妻因系宗室之女，发还母家。年羹尧父兄族中现任、候补文武官员者，俱被革职。年羹尧及其子所有家产都被抄没入官。案内朋党分别据其罪情，皆处以不同的刑罚。

关于雍正为何要杀年羹尧，史学界向来有争论。

有人说是因为年羹尧想造反。但客观地讲，年羹尧仗着职高权重，摆摆谱还可以，他哪来的实力谋反呢？再说古代最注重君臣名分，年羹尧一向恪守臣道，对雍正忠心耿耿，谋反一说难以成立。

有人说是年羹尧参与了雍正夺嫡，雍正想杀人灭口。据说康熙帝原已指定皇十四子胤禵继位，后来雍正帝矫诏夺位，年羹尧也曾参与其中。但雍正继位一事，疑点很多，是否夺嫡，难以定论。再说也没有年羹尧当年参与夺嫡、雍正后来杀人灭口的证据。

总之，雍正诛年羹尧，主要还是因为年羹尧自恃功高，不知谦逊自保，触犯了龙颜。这在封建王朝是屡见不鲜的故事。

出将入相感皇恩
——傅恒

傅恒（约 1720—1770 年），字春和，富察氏，满洲镶黄旗，乾隆帝孝贤皇后之弟。

傅恒本人谦逊好学，对人恭让谦和、温雅笃厚，被张廷玉赞为“后起之秀”。他十几岁办差，屡屡功成，乾隆引以为股肱之臣。傅恒平定内乱，接替讷亲，不惜自己功名爵禄，冒险平定了新疆叛乱。随后，远征缅甸，虽病已沉重，“不胜不言退兵”，最终病逝，正逢中年！

傅恒一生功大过少，官职众多，爵位甚高，他历任户部右侍郎、军机处行走、内务府大臣、领侍卫内大臣、保和殿大学士兼户部尚书。因功封忠勇公，死谥“文忠”。官私书又称“忠勇公”或“文忠公”。

征战金川

傅恒是李荣保的第十个儿子。由于他的姐姐是乾隆的第一位皇后，而且因贤淑节俭受到乾隆的敬重和爱恋，因此，傅恒也受到皇上的宠信和重用。在乾隆朝前期，讷亲是“本朝受恩第一人”，其次就是傅恒了。可见，傅恒在乾隆心目中的地位是何等的重要。

乾隆十三年（1748 年），由于清军在征大金川逆酋莎罗奔时连连受挫，历时一年多，竟“阻险不前”，“无尺寸功”，统帅张广泗、经略讷亲均因此被处斩。乾隆在斩了讷亲和张广泗之后，也觉察到自己对用兵大金川的困难估计不足，对轻率出兵十分后悔。正当他对班师犹豫不决的时候，傅恒却自荐赴川经略军务。乾隆心中大喜，立刻命傅恒为经略，兼署川陕总督，并从东三省、陕甘、云南、贵州、湖南、湖北、四川等地调兵共三万多人，归他调遣，希图一举成功。另外，赐花翎 20、蓝翎 50、银 10 万两，以备犒赏军前诸将。傅恒临行前，乾隆还在瀛台赐宴，并作诗为傅恒壮行。诗曰：“大清声教暨遐陬，岂有来王稽蜀酋。黩武开边非我志，安良禁暴藉卿谋。行军吉值初阳复，赐食恩同湛露流。转瞬明年擒娑房，还教凯宴侑封侯。”从诗中可以看出，乾隆对傅恒寄予很大希望。而对傅恒赐宴作诗饯行，对于经略使来说，也是从来没有的。由此可见乾隆对傅恒的偏爱。同年十月，傅恒启行，乾隆亲诣堂子行告祭典礼，派皇子及大学士来保等送傅恒到良乡，赐傅恒饭。

一路上，傅恒率部“冲风冒寒，晨夕驰驱”，“纪律严明，军行甚速”。当进入川境时，“马匹迟误，减从星发，竟至步行”。另外，傅恒还“兼办一切咨询机务，晷刻鲜暇，常至彻夜无眠”。乾隆赞其“公忠体国，殚竭悃忱”，认为要不是“一秉丹诚，心坚金石”，怎么能这样做呢？他准备在傅恒凯旋时从优奖赏，对于目前傅恒超伦之劳瘁，他认为也应给予一定的酬劳。后来给傅恒加了太子太保衔，特命加太保，并加军功三级。傅恒还没到金川前线，就受到了如此优厚的奖叙，看来，乾隆实在是十分地牵挂和厚爱这个内弟了。

乾隆十三年十二月，傅恒到达金川前线的卡撒军营，首先将以诈降作为内应的小金川土舍良尔吉、土目苍旺以及良尔吉的妻子阿扣、汉奸王秋处死，以断莎罗奔的内应。然后，勘查地形，分析战局。他见“左右山梁不过两坡相对，地非甚广，贼所守各碉亦不甚大”，他不理解，为什么用兵两年，不见任何进展。他见清军的军营，地方狭小，“与贼相望，且杂处番民市肆中”，既不占地利，又不能示威严，于是，他将营地相度移动，扩大营盘，令总兵冶大雄总理，并大力整肃军纪。与此同时，他还认真总结了先前失败的教训，“当纪山进讨之始，惟马良柱转战直前，逾沃日，收小金川，直抵丹噶，其锋甚锐。其时，张广泗若速济师策应，乘贼守备不周，殄灭尚易。乃坐失良机，宋宗璋逗留于杂谷，许应虎失机于的郊，致贼得尽据险要。增碉备御，七路、十路之兵，无一路得进。讷亲至军，未察形势，惟严切催战，任举败殁，锐挫气索，晏起偷安，将士不得一见，不听人言，不恤士卒，军无斗志，一以军务委张广泗。广泗又听奸人所愚，惟恃以卡逼卡，以碉逼碉之法。无如战碉层立，得不偿失，先后杀伤数千人，尚匿不实奏”。他认为，“攻碉最为下策，枪炮惟及坚壁，于贼无伤，而贼不过数人，从暗击明，枪不虚发”，“且于碉外开濠，兵不能越，而贼得伏其中”，我只能攻石，而贼方却能攻人，另外，“战碉锐立，高于中土之塔，建造甚巧，数日可成，随缺随补，顷刻立就，且人心坚固，死至不移，碉尽碎而不去。炮方过而人起。客主劳佚，形势迥殊，攻一碉难于克一城”。他最后得出一个结论，前此清军的失误，就在于攻其有备，因此克取为难。最后他提出，今后应“奇正兼施，因机制胜，或以奇兵统出其后，或以偏师另行取径。贼出则直挫其锋，不出则专捣其穴”。按照制定的新战术，在此后的一个月中，傅恒率总兵哈攀龙、哈尚德集中攻击右山梁，攻下了下巴朗平碉和色尔力石碉。这时，乾隆念金川水土恶劣，急速派人给傅恒送去三斤人参，让他补养身体。乾隆对傅恒真是关怀备至，体贴入微。

正当傅恒要一鼓作气，荡平金川的时候，乾隆帝于十四年（1749年）正月突然降旨班师，其原因在谕旨中说得非常清楚：“经略大学士傅恒乃中朝第一宣力大臣，岂可因荒徼小丑，久稽于外？朕心实为不忍。即使擒获渠魁，扫荡巢穴，亦不足以偿劳。”乾隆在得到傅恒的几次奏报后，认识到，要平定金川绝不是一件简单的事，张广泗、讷亲没有办到的事，傅恒也未必能办到。他意识到，如果仗继续打下去，对傅恒十分不利，他也会因此而身败名裂，到那时，再想救傅恒就难了。他后悔当初不应派傅恒前往金川，当务之急，只有火速召傅恒回京。基于这种对傅恒特殊的爱护，乾隆才急于下诏班师。他在班师诏书中，对傅恒大加赞扬：“傅恒自奉命以至抵军，志诚劳勋，超出等伦。办事则巨细周详，锄奸则番蛮慑服，整顿营伍则纪律严明，鼓励戎行则大气踊跃，且终宵督战，不避风雪，大著声威，诚克仰副委任。”同时封傅恒为一等忠勇公，赏给红宝石帽顶。

这时，金川土司莎罗奔因连年与清军作战，田园荒芜，贸易断绝，已无法支撑下去，派头人将所俘绿营兵丁送还，再次赴营乞降。傅恒要求莎罗奔、郎卡必须亲缚至营，方可贷以不死。他打算乘其来降，将二人拿获，带其还朝献俘。就在这克期奏功的关键时刻，傅恒怎舍得放弃？他立刻奏请推迟班师的日期，“攻克贼巢，旦夕可必。一篑之亏，诚为可惜”。他坚请继续用兵，但乾隆帝不准。

莎罗奔怕傅恒在其投降时杀了他，便转赴舟坝向岳钟琪乞降。岳钟琪抓住时机，亲率十三骑驰入敌老巢勒乌围，与莎罗奔议事，示以诚信。莎罗奔曾是岳钟琪的部下，随岳入藏。这时他是诚心向岳钟琪乞降，他答应遵守以下条件：永不侵扰诸番、尽返所夺邻番地、送还所掠人口马匹、照数献出枪炮军器等。随后，岳钟琪赴卡撒，报告了傅恒。

傅恒见事已至此，便于乾隆十四年（1749年）二月初五升帐受降。莎罗奔等焚香作乐，泥首请罪，献佛像一尊、白金万两。傅恒传旨，赦其罪，拒收白金。当傅恒将莎罗奔投降的情况奏报给乾隆时，乾隆不胜欣悦，"此皆上苍孚佑，宗社贻庥"。他把功劳全部归于傅恒，说傅恒"丹忠壮志，勇略宏猷，足以怀柔异类，迅奏朕功"，诸葛亮七擒孟获也不过如此。当初，"大学士傅恒见朕萦怀四顾，毅然请行，仔肩重任。自奉命西征，冒涉风霜，均劳士卒，登陡岩阻，晨久辛勤。拜发风章，裁决军务，常至达旦，且事事妥协周详。至则申明纪律，诛贼腹心，雪夜督师攻碉毁卡，必期焚巢扫穴，一举荡平"。"从此边徼敉宁、闾阎乐业"，"实我大清万年无疆之庆"。欣喜之下，乾隆特许傅恒穿着四团龙补褂，并照开国元勋扬古利额驸之例，加赐豹尾枪一杆、亲军两名。傅恒不敢受此重恩，疏辞四团龙补褂。乾隆为成全傅恒谦挹之美德，而且使其享有这一荣耀，采取了折中的办法，让傅恒在朝贺典礼时穿着四团龙补褂，寻常入朝入部办事即用公品级补服。

过劳而死

乾隆十四年（1749年）三月，傅恒回京，乾隆命皇长子率诸王大臣出城远迎，以示慰劳。然后设宴，为他庆功。并赐诗一首，以表彰傅恒的功绩。诗曰："卡撒功成振旅归，升平凯宴丽晴晖。两阶于羽钦虞典，六律宫商奏采薇。湛露应教颁朵殿，甘霖更庆遍春畿。持盈保泰咨询切，偃武修文凛敕几。"

不久，乾隆敕照额亦都、佟国维例，为富察氏建宗祠，以祭祀傅恒的曾祖哈什屯、祖米思翰、父李荣保，并为傅恒建造府第于东安门内。

傅恒

乾隆二十年（1755年），为平定准噶尔达瓦奇的割据势力，乾隆意欲出兵伊犁。当他与众廷臣商议时，“人心狃于久安”，“无不意存畏葸”。“在廷诸臣，惟大学士傅恒与朕协心赞画，断在必行”。因此，乾隆对傅恒十分赞赏。当大军凯旋时，乾隆加恩再授傅恒一等公爵，“以为力矫积习，为国任事者劝”。但傅恒却极力推辞，而且在乾隆召见时，再四面陈，“以至泣下”。乾隆见傅恒如此谦逊至诚，“俯允所请”，将“所有平定金川及准噶尔奏捷两次功绩，著并于现封忠勇公敕内，以昭懋典”。最后仍为傅恒加功六级，并在紫光阁为百位功臣画像时，把傅恒放在了第一位。为此，乾隆还作诗一首，赞扬傅恒：“世胄之臣，与国休戚。早年金川，亦建殊绩。定策西师，唯汝予同。郧侯不战，宜居首功。”

清廷于乾隆三十二年（1767年）对缅甸用兵，为的是打击缅军对云南的入侵。清廷首先派傅恒侄儿明瑞前往，结果明瑞战败身亡。三十四年（1769年），傅恒要求继续对缅用兵，并请缨挂帅。乾隆命他为经略大臣，并在出征时，在太和殿赐食与他和众将士。

同年四月，傅恒到达前线腾越，马上着手寻找可造船和屯兵之处所，以便水陆并进攻下缅军所居险处老官屯。在这之前，乾隆曾命副将军阿里衮调查水陆并进攻缅甸的可行性，阿里兖回奏，“该处崖险涧狭，断难行船”。乾隆又命傅显、乌三泰等前往专办此事，仍以“沿江一带实无造船处”回奏。傅恒刚到云南，谨遵圣意，即遣人往勘。他亲自找来受抚夷人李景朝、土司线官猛等询问可有造船屯兵之处，经他们介绍，在云南与缅甸交界处有一铜壁关，关外有一座山，名翁古，山旁有一野牛坝，居住着许多“野人”（当地土民)，此地有丰富的木材，而且气候凉爽宜人，既可以屯聚兵丁，又可以利用“野人”为大军造船。当乾隆得知这一好消息之后，赞叹地说：“同此沿边僻壤，非自今日始通，何以前此并无一人见及，而傅恒得之，便于取携。可见事无难易，人果专心致力，未有不成者。无如诸人皆预存畏难之见于胸中，遂以为隔阂不可行。以傅恒今日所办观之，向所谓断难筹办者然乎？不然乎？”

同年八月，在一切都准备就绪之后，清军从腾越出发，渡嘎鸠江，占据西岸，不久便抵达允帽。这时，猛拱大头目脱猛、乌猛，达罗头目脱猛谷、夷目贺洛，土司浑觉率头目渗笼笼、渗笼朋纷纷来降，使大军的进剿免去了许多障碍。傅恒乘机取道猛拱，连破猛养寨，擒获腊泥、拉赛两头目，诛之。然后在此设台站，留瑚尔起兵700余名在此驻守。接着，傅恒率部乘胜进军，攻下南准寨，擒获头目木波猛等35人，攻蛮腊，猛养头目扎达布放弃板猛逃往哈坎，大军长驱直入新街，贼乘船顺江而逃，傅恒率队由东西两岸夹击逸贼，射杀贼目1人，斩贼500余级，获敌大旗1面，船1只，攻取寨子6个，缴得粮食枪械无数。清军获得初步胜利。

同年十一月，傅恒进围老官屯，贼依险抗拒，大兵受阻，只攻下屯西一寨，“诛戮贼众，绝其粮援”。这时，清军因水土不服，气候不适，大批染上热带疾病，减员甚重。副将军阿里兖因病死于军中，傅恒也因患病不能再指挥作战。他上疏，以贸然征缅无功自责，请求处分。

然而，乾隆不但没有指责傅恒，而是仿照康熙平吴三桂不责臣下之例，对征缅失利承担责任。他说：“此次出兵非好大喜功，而傅恒承命经略，职分应尔，设以为办理非是，朕当首任其过，其次方及傅恒，岂宜独以为己责？”不仅如此，他还对傅恒不畏艰难、悉心任事大加赞扬。

乾隆三十五年（1770年）三月，傅恒奉命返京。途经天津行在向乾隆复命，乾隆见其“形神顿异”，就知道傅恒已病入膏肓，难以治愈。他嘱咐傅恒“安居调理，以臻勿药”。五月以后，傅恒“病势日益加剧，渐成不起”。乾隆“每朝夕遣使存问，赐以内膳羹糜，俾作颐养”，每隔数日便亲临视疾，“见其有增无减，轸念弥殷”。同年七月，傅恒病逝，享年不到50岁。乾隆闻讯“深为震悼”，赏内帑银五千两治丧，并亲临奠祭。又命葬仪，按宗室镇国公规格进行，赐谥号“文忠”。

实际上，到乾隆朝时，外戚和八旗子弟一样开始腐化堕落。他们不再像前几朝那样，只是跟随主子南征北战，而是更多地受到皇上的恩泽，因此，逐渐地骄奢淫逸起来。他们虽不学无术，但却高官厚禄，虽无寸尺之功，但却受封爵位，原因就在于他们是皇上的亲戚。然而，傅恒却和他人不一样，他本应在京城坐享富贵，但他却主动承担重任，去解决金川和缅甸两个最棘手的问题，为皇上分忧，为国家出力，这在当时的外戚当中是难能可贵的。无怪乎乾隆对他依畀至重，用情至深。

戍边平乱“专业户”
——福康安

福康安（1754—1796年），富察氏，满洲镶黄旗。傅恒三子。福康安是乾隆帝嫡妻孝贤皇后的侄儿，侍卫出身，官至镶黄旗满洲副都统。他19岁开始戎马生涯，一生中参加大的战役有五次，其中三次由他指挥，且屡战屡胜，成为大清叱咤风云的大将军。他两征大小金川，冲锋陷阵，躬冒矢石，被授予内大臣，三等嘉勇男爵，后升为镶白旗满洲统领；平息回乱，晋封嘉勇侯；镇压林爽文起义，受封一等嘉勇公；抗击尼泊尔廓尔喀族的侵入，浴血奋战，几至身死。

不幸的是，乾隆还没来得及封福康安为王，他就去世了，对此乾隆悲泪长流，赠谥“文襄”，追赠嘉勇郡王，配享太庙。

身先士卒嘉勇侯

福康安（1754—1796 年），字瑶林，满洲镶黄旗人。富察氏，大学士傅恒之子，高宗孝贤皇后之侄。乾隆三十二年（1767 年），福康安承袭云骑尉，四年后任御前侍卫。乾隆三十七年（1772 年），任户部侍郎，旋迁满洲镶黄旗副都统，受命赴四川军中任平叛将领。第二年福康安抵军营后，被阿桂授为领队大臣。不久他以作战勇敢、带兵有方而闻名。乾隆四十一年（1776 年），金川平定后，封三等嘉勇男，授户部左侍郎，旋调蒙古镶白旗都统，他同其他直接或间接参与平定金川有功将领的肖像，均被悬挂于紫光阁。

乾隆四十二年（1777 年）至乾隆四十五年（1780 年），福康安先后出任吉林将军与盛京将军。乾隆四十五年后，他又先后出任以下各省总督：云贵总督、四川总督、陕甘总督、闽浙总督和两广总督。他任两广总督一职任期最久，并由于当时广州外贸繁荣而大发不义之财，当时的记载几乎都对这位封疆大吏颇有怨言。有一次，他托湖北按察使李天培私下里用湖广粮船为他运木材，在广东销售，从中牟利。结果此事被巡漕御史和琳得知，向上参了他一本。乾隆念其平定台湾的功绩，没有革他职爵，只是让他缴回曾受赏的顶戴和龙褂，并罚三年养廉和十年公俸。类似的劣迹不只一二，只是未被乾隆得知罢了。他利用职权谋取进一步升官发财，致使声名狼藉，仅次于和珅。

然而作为将领，福康安无疑被认为是清军中最有才干的统帅之一。在清朝的编年史中，他的军事才能有着突出的记载。

乾隆三十七年（1772 年），清廷发兵再次征大小金川，以温福为定边将军，阿桂和丰升额为副将军，福康安则奉命携带大印前往军中，并被授予领队大臣。

乾隆三十八年（1773 年）正月，福康安赶至金川，正值阿桂攻当噶尔拉山，令福康安与阿桂共同领兵。但战斗进行得十分艰难，他们分五路进攻，日夜炮击，三个月仅攻克当噶尔拉山梁上许多碉卡中的一座，前进仅二十余里。六月，温福营中小金川降兵勾结大金川士兵，里应外合，偷袭了木果木温福大营，温福战死，损失严重，上命阿桂为定西将军，继续分路进军。福康安随阿桂由资哩出发，先后攻克布朗、廓宗诸寨。十月，重新占据小金川官寨美诺。

以后，福康安一直在最前线作战，冲锋陷阵，躬冒矢石，颇具当年八旗将士的遗风。

大军攻喇穆喇穆时，福康安克其以西各碉，同海兰察一起先取登古高峰，然后乘胜攻击克罗博瓦山。随后从克罗博瓦山下来，克得斯东寨。一天夜里有士兵七八百人乘雪雾登上克罗博瓦山，偷袭副将常禄保军营，福康安听到枪声，急速出兵援助，将其击退。又一个雨夜，敌士兵欲在山坡再立两碉，被福康安发现，他连夜率兵八百冒雨毁垣，杀数贼，立毁碉。不久，他又夺下了喇穆喇穆山口木城后面的两个石卡。

在攻色淜普山时，阿桂令领队额森特趁夜进兵，攻下山南碉卡，并令福康安为应援，当他看见海兰察进到碉卡下时，便“疾驱众越过重壕，冒枪石与贼持，使不得他顾，我兵遂尽破喇穆喇穆碉卡，取日则丫口”。

当大军攻克嘉德古碉后，再攻逊克尔宗西北寨时，有数十士兵偷袭清军后方，福康安将其击退。此后，福康安又多次打败偷袭清军营地的士兵，克达尔扎克山下各碉，取当噶海寨以及桑格斯玛特各木城石卡。

乾隆四十年（1775 年）四月，阿桂分兵一千，命福康安和海兰察带领，先取甲索，进攻得楞山下临河贼碉，拔贼卡三个，焚烧萨克萨各大小山寨数百个。渡河取斯年木咱尔、聂斯罗市二寨。五月克荣噶尔博山，逼近大金川官寨勒乌围。

勒乌围西南临河，东面靠山，山麓有崖八层，每层高数丈不等，层层立碉。南面有转经楼，与官寨互为犄角，中间碉寨、木栅、石卡鳞次栉比，官寨周围更是战碉林立，有的高达二十多层，地势如此险要，而且大金川各地撤回之兵又都聚集在这里坚守，要想拿下它，绝非易事。

同年七月，清军分两路开始攻打勒乌围。福康安从额森特一路攻巴图木，直登古脑山，拔木城碉寨50座，焚冷角寺，然后沿河向南，断金川士兵水路。勒乌围西南有甲尔日磉桥一座，为勒乌围至噶尔压的通道。福康安和额森特选会泅水的兵丁潜至水底，将巨索系桥柱之上，拉倒桥柱，截断了金川士兵的退路。八月十五日夜半，福康安和大军一起由西北攻入勒乌围，士兵不战而溃，大金川头目索诺木等悄悄逃往噶依拉。

同年九月，清军整队直攻噶依拉。起初，福康安从达思里由正路进攻，被敌人发觉。后来将部队分为七队，分头进攻。福康安领一队先克沙布果碉当噶，又攻下底绰尔丹诸寨。之后与达思里会合，攻克起木栅，断绝了思果本与雅玛朋的通路。继而，福康安又领兵攻达噶木，克坚碉两个，攻奔布鲁木护寨，掷火焚之，士兵无一逃脱者，又克舍勒图祖鲁旁碉一寨二，格什格章寨一，萨尔歪碉寨三，阿结占寨二。此时，金川士兵士气锐减，官军所到之处，士兵闻风溃散。福康安领兵一路顺利追击，克碉寨数百处。十二月，攻科布曲山梁，尽克其寨。然后，又与海兰察一起击溃由布哈尔下来的敌人，悉毁诸寨，占据了噶占。乾隆四十一年正月，福康安领兵克舍齐、雍中两寺，然后自拉古尔河围噶拉依，用炮不断轰击石寨，索诺木走投无路，出寨投降。至此，大小金川全部平定。

在攻克勒乌围时，福康安因表现不凡被授予内大臣和嘉勇巴图鲁称号。金川已平，他又因战功卓著，被封为三等嘉勇男爵，乾隆亲赴良乡城南，行郊劳礼，为凯旋将士庆功，赐予福康安御用鞍辔马一匹。之后，又赏他缎12端，银500两，图像紫光阁，在图像的百名功臣中，福康安被排在第50位。御制赞词曰：“代兄以往，继父而奋，矜许勤励，王臣之荩，登硐夺寨，那须蒙甲，嘉勇锡名，世传勋业。”一年之内，他又受到多次恩泽，赏戴双眼花翎，赐紫禁城骑马，官职从户部右侍郎转左侍郎，然后晋升镶白旗满洲都统。

福康安纪念碑

福康安少年富贵，家资万贯，生活豪侈，骄奢成习，但他绝不是一个只会享受的纨绔子弟。在金川战役荣立战功之后，他又在几次大的战役中展示了自己非凡的军事才能。他作战时身先士卒，行军时不避艰苦，乾隆赞其“素性勇往急公，能耐劳苦”。这似乎不合常理，但事实的确如此。

乾隆四十九年（1784年），甘肃伊斯兰教新教派首领田五等为反对清廷承认的旧教而再次起义，福康安奉命任参赞大臣，同将军阿桂前往会剿。同年六月，福康安到军中，这时田五已被击毙，另一首领张文庆率义军踞石峰堡，并不断骚扰附近的通渭、伏羌、静宁等地。福康安指挥军队在石峰堡周围设卡挖壕，将石峰堡团团围住，以防逃窜，然后肃清滋扰各处的乱兵。七月，清军开始进攻石峰堡，在清军的强大攻势下，义军抵挡不住，试图逃窜。这时，海兰察把住隘口，福康安则往来督战，歼其义军数千，活捉了张文庆、杨慎四等，石峰堡遂破，第二次回乱被平息下去。之后，福康安上奏提议，于循化厅设学校，对回民进行文化和礼仪的教育，以“驯其桀骜之气，化其顽梗之风”。乾隆深为赞许，晋封福康安为嘉勇侯。

攻无不克获嘉奖

乾隆五十二年（1787年），台湾爆发了林爽文领导的农民起义，福康安奉命任大将军，偕同海兰察前往搜剿。

台湾是个物产丰富、土地肥沃的地方，内地的官僚地主们争相赴台做官，拼命地进行搜刮，因而引起当地人民的反抗，林爽文就是打着“剿除贪污，拯救万民”的旗帜起义的，所以起义受到广大贫苦人民的响应，起义烈火燃遍了台湾岛。起义军先后攻占了彰化、诸罗等重镇、围困台湾府城等处，严重威胁了清政府对台湾的统治。

同年十一月，福康安率大军由鹿仔港登岸，由新埠进兵嘉义县，路经伦仔顶时，起义军突然从竹林中冲出，袭击清军，福康安命士兵勿慌勿动，自己亲帅巴图鲁侍卫冲在最前面，与起义军厮杀，打败了伏兵，然后接连攻克埠长等十多个城庄。时天已黑，又下起了大雨，福康安领兵一鼓作气又攻克北社尾等处。继而，福康安率部乘胜进军，天未明进赶至嘉义县，击溃了围城的起义军，解了嘉义之围。然后追逃逸的起义军至大排竹，“决溪水渡兵，悉焚贼寮，余匪皆歼焉”。

乾隆闻讯赞福康安“调度有方，振作士气，克敌至果，迅奏捷音”，封其一等嘉勇公，赏红宝石帽顶，四团龙补服，以示优奖。

同年十二月，清军分路搜剿嘉义城周围的起义军。城西攻下大仑庄，城东焚烧了兴化店、员林庄，在城北分三路并进，同时攻大埔林、中林、大埔尾三庄，起义军大败。又破庵古坑，收复斗六门。林爽文率义军退守大里代，福康安集主力围攻大里代，结果义军大败，林爽文逃入番社，获义军头目数十人、义军士兵200余人，并擒林爽文家属。

乾隆五十三年（1788年）正月，福康安统兵继续搜剿。他派一队兵士由内山向打铁寮、虾骨、合欢、炭窑一带搜寻，一队分往海口、要隘把守，以防义军逃逸，另派一队由巴图鲁侍卫及屯练兵组成的特殊的队伍，伪装成起义军，混入其内部，在老衢崎生擒了林爽文，解往京师。上闻龙颜大悦，亲解佩囊赐予福康安。

林爽文起义军失败后，福康安率清军全部压向南路——搜剿另一支由庄大田领导的起义军。他命福州将军常青堵住海口，自己由陆路进逼庄大田驻地凤山城。庄大田寡不敌众，退至台湾最南端的郎峤。清军水陆两路将郎峤团团围住。起义军"冲突不能出，阵杀者数千，溺海者数千，擒而戮者数千"，庄大田被俘遇害，起义被彻底镇压下去。

由于福康安措置周密，调度有方，勇敢奋战，剿灭了如此大规模的农民起义，为清廷除了一大患，乾隆对其深为嘉许，赏予黄腰带、紫缰、金黄鞭、珊瑚朝珠，以示奖励，又命于台湾府城及嘉义县建生祠塑像，作为永久的纪念。

镇守西藏逐强敌

乾隆五十六年（1791年），福康安在两广总督任上被调往西藏抗击来自尼泊尔的廓尔喀族的入侵。

廓尔喀原是尼泊尔的一个部落，18世纪中叶统治了尼泊尔，建立了新王朝，并不断向外扩张。乾隆五十三年（1788年），以西藏当局征收贸易税太重为借口，派兵进犯西藏的聂拉木、宗噶、济咙等地。乾隆得报后，命理藩院侍郎巴忠以钦差大臣名义前往西藏解决此事。结果巴忠迁就对方，敷衍了事，答应每年以三百元宝作为地租买回了被占的领土，还谎报廓尔喀已归顺退兵，蒙骗乾隆。乾隆五十六年（1791 年），廓尔喀因索要“地租”未成，再次入侵西藏，不但占了聂拉木、济咙，而且攻克了定日、萨迦庙以及七世班禅驻锡之地日喀则。廓尔喀兵所到之处，洗窃寺庙，劫掠牛羊，作为“地租”的补偿。

同年十一月，福康安奉命任大将军，偕参赞大臣海兰察、奎林（福康安的堂兄），率索伦兵两千余人由西宁出口进藏，抗击廓尔喀军。入藏作战，正当岁末，大雪封山，道路难行。乾隆限他 40 天到达西藏，为了行程迅速，福康安选择了从青海入藏，这条路虽较近捷，但条件极为恶劣。“青海口外，俱系草地，时值隆冬，冰雪甚大，炊爨维艰，牧饲缺乏。”福康安轻骑简从，在冰雪中跋涉，有时马不能行，只能与士卒一起步行。经过艰苦的行军，克服了重重困难，福康安率部于翌年正月二十日按时到达拉萨。他首先派原成都将军成德收复了聂拉木，击毙廓尔喀大头人呢吗叭噶斯。三月，福康安抵达后藏，发布檄谕，亲统劲旅进剿。四月，他自第哩浪古出发，前往绒辖、聂拉木察看地势。然后决定以济咙为进兵正路，急速向宗噶进军。五月，到达辖布基，在诸路兵还未到达的情况下（乾隆还调了川兵和藏兵助剿），先率所部，乘雨夜，分六路直趋擦木。天亮时，

福康安

偷偷登上山冈，夺取廓尔喀军前碉。敌人转而拒守后碉，福康安身先士卒，冒着矢石冲上前去，毁掉墙垣，攻入碉内，与敌短兵相接，杀死敌目三人，兵士两百余人，生擒十余人。福康安率兵乘胜前进，疾进至玛喀尔、辖尔甲山梁下。只见有一敌目举着红旗率众拥过来，福康安命各路官兵在附近埋伏，另派一队兵士前往诱敌。当敌人到达半山腰时，伏兵突起，拦腰截击敌队，夺其大旗，将此队敌人全部消灭。紧接着，福康安开始攻敌人的要寨济咙。济咙的敌人以大碉据险，并在大碉周围立各小碉互相应援，成掎角之势。福康安先将部队分为几路，翦除旁寨中的小碉，待这些障碍扫除之后，他又命官兵们集中力量攻其中坚。他们把大木捆成梯子，兵士们缘梯而上，拆毁石垒，然后用炮击其大碉，从丑时战至亥时（即凌晨 1 时至夜间 11 时），连续奋战十多个小时，终于攻下大碉，斩杀敌人 600 余人，生擒 200 余人。乾隆得其奏报，作诗一首书于扇上，将它连同一只御用佩囊赐予福康安。

同年五月十五日，福康安追逃跑的敌人至热索桥，敌人先期将桥撤去，清军无法渡河，福康安又命兵士用火器向对岸射击，但因距离远，火器无法发挥威力。福康安便秘密派遣兵士向东越过峨绿山，从上游偷偷渡河，突然出现在敌前卡附近，乘敌不备夺其前卡，杀敌数十人。其正路之兵，乘机渡河，攻其后卡，敌人仓皇逃窜，大多数掉入河中淹死。

热索桥战后，福康安率兵继续追击，当来到密哩山时，道路更加险峻。他命兵士边修路边前进，半个月行军七百余里，翻过喜马拉雅山，一直深入到廓尔喀境内的旺堆，一条大河横在面前，旺堆在河北，协布鲁克玛在河南，以东为克堆寨。敌人筑碉卡死守，并凭借大河抵抗清军。福康安留部分兵驻守旺堆牵制敌人，大部分兵力偷偷从上游抱着木头渡河，出其不意攻下克堆寨。留守旺堆的兵力也乘势渡河，攻克了协布鲁克玛、扎木等地，斩杀许多敌人。

同年六月，福康安领兵进至噶多，登上作木古拉巴载山梁，只见对面是东黄山，山上敌营林立，山下是一条大河，把两山隔开。福康安留一队兵士屯于山上，令另一队从噶多鲁山下渡河，夺取离河最近的碉卡。敌人慌忙由陡嘞登上木城，负隅顽抗。福康安亲率兵士冒着锋刃奋力登城，破其木城，此时，留守山梁的兵士冲下山来由桥渡河，夹击敌人。敌人落荒而逃，清军克大小敌寨十余处，敌营三个，石碉四个，木城五个，石卡二十余个，杀敌目七人，兵士四百余人。然后结营于雍雅地方。

七月，由雍雅分三路进兵，攻噶勒拉山。廓尔喀人顽强抵抗，此为福康安进兵以来最为激烈的一战。但由于福康安指挥有方，兵士们冒死用命，结果三路皆取胜。转而由堆补木山下，夺帕朗古横河桥，直攻甲尔、古拉集木集两要寨，敌人派八千人来援，而且要夺回帕朗古横河桥。福康安督兵奋力血战，将援军打败。此仗共战两昼夜，翻越大山两座，克木城四个，大小石卡十余处，杀敌目十三人，兵士六百余人，生擒十余人。

正当福康安率兵向加德满都逼近的时候，廓尔喀国王喇特纳巴都尔派遣大头人向福康安乞降。初，福康安不受降，后由于乾隆一再颁旨令其班师，加之当地水土恶劣，兵士多有患病，伤耗日增，道路险远，粮饷不济，才决定受降。同年八月，福康安率兵撤回济咙。

福康安及其属下进藏作战，克服了难以想象的重重困难，经过浴血奋战，终于打退了廓尔喀的侵略势力，维护了边疆的安宁，但他们也为此付出了巨大的代价。由于水土不服和高山反应，驻藏大臣舒濂、参赞大臣奎林、乾清门头等侍卫哲森保、总兵张芝元均病死于军中，海兰察得病死于北京，福康安在回程途中病倒在巴塘多日，种下了病根。他们如此舍生忘死，是我们民族精神的体现，尤其在当时官吏腐败、军队涣散的形势下，这种精神更是难能可贵。无怪乎，乾隆为此大为动容。一心想封福康安为王，但因考虑到“富察氏一门太盛”，封其为王，又有仿汉、唐之宠任外戚之嫌，思前想后，左右为难，最后只得照王公名下亲军校之例，赏福康安六品顶戴蓝翎三缺，令其在自家中选得力家人酌量给戴，“用昭格外加恩优眷劳臣之意”。

体国忘身逝军中

福康安一生中参加大的战役有五次，其中三次是由他作为统帅指挥的，除上述的镇压林爽文、征廓尔喀之外，还有一次就是乾隆六十年（1795 年）的镇压湘黔苗民起义。

湖南、贵州接壤之处是苗、瑶等少数民族聚居地。自从雍正年间清政府实行改土归流之后，苗族人民不但受到苗族上层统治者的欺压，而且受到满汉大小官员的掠夺和盘剥，生活日益贫困，反抗情绪日渐增张。乾隆六十年正月，贵州松桃厅大塘汛大寨营苗民石柳邓首举义旗，紧接着湖南永绥厅黄瓜寨苗民石三保率众起义，凤凰厅苏麻寨的吴半生，乾州厅平陇的吴八月以及保靖县各寨苗民纷纷响应，起义军先后攻占了大塘、长行铺、永绥、乾州，杀死了前来镇压的永绥副将伊萨纳、镇篁总兵明安图。到二月份，起义军已发展到八九万人，形成了一支巨大的反清势力。清政府连忙派云贵总督福康安率安笼镇总兵花连布、参赞额勒登保、德楞泰，动用云、贵、川、湘等省兵力数万人前往镇压。

当福康安率军到达苗疆时，义军正围攻正大营、嗅脑营、松桃厅三城。福康安由贵州铜仁出发，先打败了盘塘坳义军，解了正大营之围。正大营东面是苗寨聚集的地方，而且通四川，福康安集中兵力攻打此地区，焚大寨 26 个，获粮食万余石。

同年闰二月，福康安领兵绕行至高陇坡，然后向嗅脑进军。从高陇坡至嗅脑有苗民寨子数百个，其中岩门寨、地所坪最为险峻。福康安命兵士们用火攻，先克官舟营木城，然后又克倬山等百余寨，又解嗅脑之围。

福康安转而奔松桃厅，乘夜进兵，先后焚毁野牛山、白岩圭等寨，以清后路。天明时分到达松桃厅。当初义军在围松桃时，在城周围建了不少寮寨。福康安命兵士将寮寨尽行烧毁，松桃城中的清军也乘势冲出城来，围攻义军，义军不敌，撤走，松桃厅之围亦被解。不几日，福康安便连解三围，乾隆帝为奖励他，赏戴三眼花翎。

这时，得探报，知义军首领石柳邓驻大溏汛、大寨营，于是他与川督和琳合力前往搜剿，先后焚寨40余处。石柳邓不敌，率义军渡河投靠石三保的黄瓜寨中。

福康安纪功碑

当清军到达河岸时，义军已在对岸筑无数石卡据守。福康安没有立即渡河，而是命部分兵士潜至上游水田坝，绑好木筏待命。另外，让当地居民在河岸上放牛，命投降的番兵和屯练兵埋伏在周围。义军百余人乘船渡河来抢牛，伏兵突起，夺过船只，趁机渡过河去，上游的官兵也乘木筏顺流而下，一齐登岸，夺取了对岸的石花寨，义军皆弃卡逃走。在这之前，福康安已派总兵花连布去攻打围永绥的义军，这时，福康安便领兵与其会合，经三日激战，打退了义军，解了永绥之围。

三月底，福康安领兵进抵竹子山，义军大多数聚在山中兰草坪西北崖的板寨中。义军假装在东南山凹中竖立旗帜，以给清军造成错觉，使清军误入山凹中，他们以便乘势歼之。福康安则将计就计，命大部分兵士在山凹的对山石间埋伏，并安好火炮，命另一队兵士佯作误入山凹。结果义军以为清军上当，便全部出动，来迎击清军。伏兵待义军全部进入伏击圈时，突然发炮，并冲下山去，义军惊慌失措，无力抵抗，逃出山凹，坪上的义军也丢弃木城，退守趾木陀山。四月，福康安率部攻下此山，并屯驻山梁之上。

此山之西有一登高坡，与黄瓜山对峙，坡的右面有一老虎湾，可通黄瓜寨。福康安将所部分成五路，冒雨进攻黄瓜山，将义军逼至山后，清军遂占黄瓜山梁。当天夜里，福康安又率兵士冒雨向山下冲去，掷火药，焚其寨56个，擒其兵士百余人。石柳邓、石三保弃黄瓜寨，逃往吴半生处投靠，在藕麻寨、鸦西、鸭保等处驻扎。

福康安领兵由小红岩抄近路攻打藕麻，先夺取大小喇耳山，然后用火攻其寨，不少义军当时被烧死，侥幸逃出藏入山间的，也被烟熏死。清军先后毁寨40余个。

这之后，义军首领吴半生、石三保隐于西梁、雷公山、盘基坳山、竹山坳等山中与清军周旋。福康安领兵“越险进，或分或合，步步为营，昼夜不少息”，攻克大小寨子几百，歼敌几千。九月，吴半生由高多寨出降。乾隆为表彰福康安的功绩，破例晋封他为贝子。这样，他就是宗室之外第一个活着封此显爵的满人，享有与同爵皇子们相同的特权。

同年十月，福康安领兵开始攻石三保据守的鸭保。他们趁夜发兵，时值初冬，一场大雪之后又刮起了西北风，天寒地冻，天色昏暗，福康安命兵士们在黑暗中摸索前进，天未明即抵达木城下，兵士们一齐向城中掷火，木城顿时火起，义军四下逃走，清军遂得垂藤、董罗诸寨。十一月，克卧盘寨生擒义军首领“吴王”吴八月。随后，又连克木营、地良、八荆、桃花、普定、擒头坡、骡马峒、两岔河、川峒等处的大小苗寨几百处。

嘉庆元年正月，福康安继续向义军聚集地平陇、乾州进军。一路连克吉吉寨、大陇峒诸寨、斗角岩尾坡、巴金湾寨、平逆坳、结石冈、牧牛坪、官道溪、火麻营、廖家冲。他们或以火攻，或用炮击，或者偷袭，夺得七道山梁，百余处寨子，距平陇和乾州厅已经不远了，“成功当在指日”。就在这时，由于一年多不分昼夜的艰苦跋涉和紧张作战，加之苗疆“雾雨连绵、气候蒸热”，福康安病倒了，连续泻肚，虚弱不堪，但他仍督师进军。五月，病逝军中。

乾隆闻讯十分痛心，为表彰福康安这种“宣劳超众，体国忘身”的精神，特晋封其为郡王，赏内帑银一万两办理丧事，赐陀罗经被，并亲往赐奠。命在富察氏宗祠之旁建立专祠，以时致祭。同时追封其父傅恒为郡王，其子德麟亦晋袭贝勒。

福康安被赐谥“文襄”。为表彰他在金川、台湾、廓尔喀战役中的战绩，图其形于紫光阁。

然而，嘉庆皇帝并未像他父亲那样褒奖福康安，多次追谴他在军中挥霍无度。嘉庆十三年（1808 年）又将其子德麟从世袭贝勒降为贝子。

举世闻名大贪官
——和珅

和珅（1750—1799 年），钮祜禄氏，满洲正红旗。乾隆年间，他做到文华殿大学士、首席军机大臣，权力仅在乾隆之下。和珅和乾隆帝是儿女亲家，他的独生子丰绅殷德娶了乾隆帝最喜爱的小女儿固伦和孝公主。这还不算，他自己的女儿、他弟弟和琳的女儿都嫁给了皇族，这亲缘关系真是牢不可破呀！

和珅在百姓心中是著名的贪官。他不光官做得大，财更大。家中所藏的大东珠比乾隆帽顶上的还大，全部财产加起来价值超过千万两白银，比清廷户部存银还要多。还有人说，和珅家中姬妾如云，多得数不清。

那么，历史上的和珅到底是什么样的人呢？他又为什么说倒就倒了呢？

青年侍卫，脱颖而出

和珅（1750—1799年），字致斋，原名善保，钮祜禄氏，满洲正红旗人。他生于乾隆十五年（1750年），父亲名常保，曾任福建副都统。他祖上是今辽宁清原县人，清初随清帝入关，住在北京西直门内驴肉胡同。和珅出生在一个并不富裕的武官家庭，但他与弟弟和琳从小都受到较好的教育，十来岁时被选入咸安宫官学，接受儒学经典和满、汉、蒙古文字教育。和珅天资聪颖，勤奋努力，成绩突出，因而得到老师吴省兰等人的器重。

乾隆三十四年（1769年），19岁的和珅继承祖上三等轻车都尉的爵位。第二年，参加顺天府科举乡试，没有考中举人。不过，没有功名的和珅，后来却因颇有才学，主管了许多文化、教育事业。

乾隆三十七年（1772年）十一月，22岁的和珅被调到銮仪卫充当三等侍卫（正五品），成为他人生的一个重要转折点。此后便平步青云，迅速成为大清帝国政治舞台上一手遮天的人物，闻名全国。

但是人们对他的早年生活却所知不多。冯佐哲曾在《和珅评传》中作过详细考证，和珅应该是满洲正红旗人，他家曾一度被抬入正黄旗，获罪后其家属又被划归正红旗。有人说和珅出身“贫贱”“卑微”，估计是和珅当政时升迁太快，又飞扬跋扈，故被人所痛恨，遭到过他打击、排挤的人，故意造谣。当然，和珅出生时，家境并不富裕，却是事实。从许多野史中可以知道，和珅童年时曾在家里与弟弟和琳一起接受私塾先生的启蒙教育。又由于他的父亲曾任福建副都统，所以和珅十来岁时，得以和弟弟一起进入咸安宫官学。咸安宫官学实际上是一所师资力量雄厚、学生质量很高的全国“重点学校”。

事实上，有史料记载说，和珅是一个地地道道的美男子，玉树临风，脸庞白皙，行动敏捷，举止端庄，言语诙谐。他记忆力强，过目不忘，加上他努力学习，所以经常得到老师们的夸奖。除了能将四书五经背诵得滚瓜烂熟外，和珅的满文、汉文、蒙古文和藏文也都相当不错。

日后和珅在乾隆身边时，运用各种语言接待不同民族的上层人士，同时能用多种文字起草上谕，甚至连西域秘咒也略知一二。能猜测乾隆心理，使得和珅官运亨通，飞黄腾达，与和珅少时打下的基础不无关系。和珅还练得一手好字，对诗词歌赋与绘画都能来上一手，可惜当他受诛之后，人们不齿他的为人，故作品流传不广。

和珅在銮仪卫充当侍卫，便常有机会在乾隆身边随侍，这给他带来出人头地的机会。果然，有一天，他出语不凡，引起了乾隆的注意。

当时的详细经过是，乾隆有一天正坐在车舆中阅读边报，忽然有个侍卫向他禀报说有个要犯逃跑了。乾隆听说后，有点不太高兴，脱口道：“虎兕出于柙，龟玉毁于椟中，是谁之过?”侍卫们看到乾隆这样，都既害怕又惊愕，但又不知道乾隆的话是什么意思，就互相询问乾隆的话是什么意思。这时，一旁的和珅就说：“皇上的意思是看守的人得负责任。”乾隆听到后，心下不由有些惊异，就问是谁说的，和珅便从人群中站起，请乾隆恕罪。乾隆见此，便问：“你也知道《论语》，你念过书吗?”和珅便恭恭敬敬地回答乾隆，说自己曾在咸安宫官学中念过书。乾隆听后大喜，见和珅长相俊秀，一表人才，又是官学的学生，便记住了他。不久任命他为宫中总管兼任蓝旗副都统，令其随侍于自己左右。

可以看出，当皇上发怒，众人惊愕，惶恐不安的时候，和珅敢于挺身而出，勇于应答，才把握住了这一稍纵即逝的时机。只要我们想想，和珅面对的是一言九鼎的帝王，稍有不慎就有可能身首异处，就不得不佩服他过人的胆识了。

和珅凭着他扎实的才学、过人的胆量，抓住了稍纵即逝的机会，打开了通往权力顶峰的大门。

据史料记载，和珅从继承三等轻车都尉，直至他获罪前后的29年中，重要的封官就有47次之多。乾隆四十一年（1776年），27岁的和珅被授予军机大臣。三年后，领班军机大臣于敏中去世，英武殿大学士阿桂担任领班军机大臣。当年在军机处任职的还有大学士王杰、尚书董诰和福长安。阿桂、王杰、董诰都讨厌和珅，结果就出现了五位大臣每天不在一起办公的奇特现象。

为此，御史钱沣专门上了一道奏折，请皇上下令恢复军机大臣在一起办公的规定，这一奏折矛头指向和珅，乾隆承认奏折所反映的情况是对的，但最后还是不了了之。乾隆知道阿桂与和珅不和，常常让阿桂在外领兵或查阅工程、办理案件，军机处的实权自然就落在和珅的手中。乾隆五十八年（1793年），英国使臣马戛尔尼访华时，就曾听说“许多中国人私下称和珅为二皇帝”。

参与征战，积累军功

乾隆四十六年（1781年）春，甘肃循化厅的撒拉族群众在苏四十三领导下发动反清起义，清朝在西北的军事重镇兰州受到威胁。乾隆帝得知爆发起义的消息，命令额驸拉旺多尔济、领侍卫内大臣海兰察、护军统领额森特等人，带兵前往镇压。

和珅尽管从未上过战场，却被乾隆帝任命为代表朝廷的钦差大臣。和珅向乾隆帝请求上前线作战，是打算荣立军功，以进一步提高声望，得到乾隆帝更大的信任。和珅心中清楚，虽然乾隆帝经常表白事必躬亲，乾纲独断，然而大清帝国毕竟是统治亿万百姓的国家机器，要操纵这架庞大的机器，实施有效统治，单凭乾隆帝一人“日理万机”是不可能的，皇上要依靠重用一些人，特别是要依靠满族人出身的领班军机大臣，帮助他统治大清帝国。

事实确实如此，鄂尔泰、讷亲、傅恒以及和珅出仕时的阿桂，都是乾隆帝所倚任的满族领班军机大臣。他们能文能武，出将入相，忠心辅佐乾隆帝，为把“康乾盛世”推向顶峰起到了积极的作用。和珅从他们的事迹中总结出一条经验，若想当上领班军机大臣，必须在战争中立下赫赫军功，从鄂尔泰到阿桂莫不如此。

乾隆初继位，领班军机大臣是满族人鄂尔泰。

鄂尔泰，西林觉罗氏，字毅庵，满洲镶蓝旗人。他的父亲鄂拜曾为国子监祭酒，相当于京师大学堂的校长。雍正即位后，鄂尔泰得到宠信，成了一朝重臣。他最大的历史贡献，是策划和主持西南地区的“改土归流”。

“改土归流”，是指废除土司制度，建立州县制度，改土司世代袭职制度为清政府任命州县官员制度。从雍正四年（1726 年）到雍正十年（1732 年），鄂尔泰在西南边疆共六年，在云南、贵州、广西、四川大力推行“改土归流”，取得了巨大成功，他本人也被封为伯爵。西南地区的“改土归流”，进一步促进了全国的统一，废除了落后的土司制度，打破了原来的原始封闭状态，加强了西南各少数民族间及与内地的联系。鄂尔泰从提出“改土归流”到亲自领导实践，反映了他的远见卓识和政治才能。

到了乾隆即位，鄂尔泰又因处理苗疆事务有功，封为三等襄勤伯爵。

和珅虽然官至户部尚书，但终究年纪轻，资历浅，不能与鄂尔泰相比。乾隆帝主持过多次大规模战争，认为尽管和珅这一次的对手是乌合之众的起义军，但毫无作战经验的和珅也很难获胜，于是又让大学士阿桂到前线督师，实质是为和珅保驾护航。但阿桂报告说，他眼下所在的河南黄河工地施工方殷，而且身体欠佳，一时不能马上起程。乾隆帝便下谕和珅兼程前进，督办一切，放手由他指挥军队。

再来看一下起义军方面的情况。这次起义表面上因教派之争而引发，实质上是撒拉族下层民众反对清朝朝廷对他们的压迫所致。清廷扶持当地的宗教首领，压迫下层百姓，下层百姓便自发成立了新教。起义军领导人苏四十三是甘肃省河州回族人，祖父辈就在循化厅撒拉尔地方定居。乾隆四十六年（1781年）三月，他率领撒拉族新教徒千余人攻入清水工的河东老教区，杀死老教头目，正式发动了起义。

鄂尔泰

陕甘总督勒尔谨闻知苏四十三发动起义后，立即将新教首领马明心及其女婿逮捕，监禁于兰州监狱，同时派出兰州知府杨士玑、河州协副将新柱率兵前往镇压。同年三月十八日，苏四十三派新教徒装做老教徒前去迎接副将新柱，新柱得意扬扬地对他们说："新教若不遵法，我当为汝老教做主，尽洗之。"当天夜晚，苏四十三率领一千多人偷袭在白庄宿营的清军，把河州协副将新柱、外委刘汉时全部杀死。次日清晨，起义军又猛扑起台堡，击毙兰州知府杨士玑、守备徐彦登、外委陈代得、土司韩成磷等。

起义军的胜利促进了起义队伍的壮大。同年三月二十一日，起义军乘胜攻占河州，兵锋直指清西北军事重镇兰州。陕甘总督勒尔谨十分恐慌，他亲自领兵扼守狄道州，并再三向乾隆帝告急，请求调兵救援。乾隆帝当即命令西安提督马彪带领绿营军队两千人，西安将军伍弥泰、宁夏将军莽古赉各率满洲八旗军1000人就近驰援。

和珅就是在这种情况下，被委以钦差大臣兼程赶往甘肃战场。当和珅率京城八旗兵开赴前线时，起义军正在苏四十三率领下加紧进逼兰州。起义军行军至洮河西岸，渡船全被清军烧毁，无法渡河。幸亏洪济桥、唐家川等六处新教徒及时赶来，为苏四十三捆扎木筏，使起义军渡过洮河进抵兰州城西关。苏四十三率义军在西关杀死清都司王宗龙及士兵300余名，随后竖起云梯围攻兰州城。正当兰州城旦夕可下之时，清领侍卫内大臣海兰察带部分清军抢在和珅之前抵达兰州，使战场形势发生了逆转。

海兰察，多拉尔氏，满洲镶黄旗人，世居黑龙江，是乾隆一朝最能打仗的猛将。乾隆二十年（1755年），他以索伦马甲参加平准噶尔之役，单身一人穷追叛军头目辉特部台吉巴雅尔，在塔尔巴哈台山中将其射坠落马生擒，获“额尔克巴图鲁”称号，破格升任头等侍卫，绘像紫光阁。乾隆帝撰文赞扬他说：“烈风扫枯，迅其奚难。亦赖众杰，摧敌攻坚。于塔巴台，射巴雅尔。是其伟绩，勇鲜伦比。”乾隆三十二年（1767年），清军出征缅甸，海兰察所部为全军前锋，途中遇缅甸军，他一人就射死3人，生擒7人，手下士兵杀敌200人。后来清军主动撤兵，海兰察奉命留守云南。乾隆三十六年（1771年）开始的两金川战役，海兰察又被从云南调到四川，受命为参赞大臣。在长达五年的战争中，海兰察不避险阻，亲冒枪石，每攻必克，超逸出群，受到乾隆帝多次嘉奖。平定金川后，海兰察被封为一等超勇侯，乾隆帝在紫光阁亲自为他敬酒，并再次撰文称赞他道：“射巴雅尔，超授侍卫。荐至都统，参画军计。坚碉险砦，无不克登。勇而有谋，封侯实应。”

海兰察凭借丰富的作战经验，未等和珅所率大部队到达，立刻向起义军发起进攻，迫使苏四十三义军撤退至城外八蜡庙、雷坛一带，掘壕固守。海兰察解除义军对兰州的围困，本来是帮了和珅大忙，岂知反倒引起了和珅的嫉恨。

和珅自负其才，原想在阿桂到达之前将起义军剿灭，把功劳全归于自己。海兰察先他一步立了头功，等于抢了他的风头。所以和珅见到海兰察后，对其功劳视而不见，反而大加责备，说他事先并不调查起义军情形，就轻率进攻，企图侥幸获胜，完全打乱了他的用兵计划。随后和珅下令兵分四路：海兰察一路从山梁进剿；额森特一路于丫口处斜扑义军营地；提督仁和一路直扑八蜡庙大楼；他本人与西安将军伍弥泰由龙尾山梁策应。

其实和珅并不懂如何打仗，但他系朝廷所派钦差大臣，下令清军四路发起进攻，限期必须得胜，众将只有服从。起初海兰察一军进展顺利，攻入起义军据守山梁，和珅以为大功在望，忘记了他自己承担的策应任务，率军乘势发起猛攻，幻想一举获胜。但起义军事先在龙尾山梁掘壕几丈深，根本不怕此处来兵进攻，结果总兵图钦保失去掩护，在进攻中阵亡，和珅只好撤兵而回。海兰察等清军将领一看，和珅简直是瞎指挥，就不再服从他的军令了。和珅很着急，想争取在阿桂到来前结束战斗，也想了不少办法。但他提出一个计划就被将领们否定一个，而且将领们反对的理由，连和珅也不得不承认有道理，倒是更加暴露了他自己的无能。

阿桂比和珅晚四天抵达兰州，向和珅询问打败仗的原因。和珅惭愧地道："海兰察等将领皆傲慢不服从指挥，请您试一下就知道了。"阿桂说："如果真是如此，你是朝廷委派的钦差大臣，就应该对他们按军法从事。"

第二天，阿桂传令，让所有将领都到他的行营前集合。他先让和珅坐在营帐内观看，然后把诸将分别召入，交代每位将领具体任务，没有一个人表示不服从。坐在一边的和珅，看诸将如此听从阿桂调遣，更加气愤他们对自己的藐视。阿桂布置完毕，转过身来，面带杀气地问和珅道："我怎么没发现哪个人傲慢呢？现在真不知道天子赐我的尚方宝剑，应当杀谁的头呢？"阿桂言外之意是：既然将领服从指挥，打败仗的责任就应由和珅来负责，要杀头就应该杀和珅的头。和珅听了，英俊的小白脸吓得连一点血色都没了。

中国有句俗话，叫做“军中无戏言”。和珅之所以吓得面无人色，是因为阿桂这番话使他想起讷亲打败仗被杀的往事。

讷亲，钮祜禄氏，满洲镶黄旗人。他的曾祖父额亦都，是努尔哈赤建立大金国的五大臣之一，祖父遏必隆，顺治时列为四辅政大臣。讷亲在雍正朝承袭祖先所留公爵爵位，授散秩大臣，有勤慎正直之称。

讷亲年轻有为，勤奋干练，不徇私情，乾隆帝继位后，有意把他作为鄂尔泰的接班人来培养。讷亲受到乾隆帝信任后，更加以清正廉洁自励。据说，讷亲任吏部尚书时，许多想升官发财的人都试图走讷亲的后门，向他大送其礼。对此，讷亲采取了一个彻底拒贿的办法，养了一条凶猛无比的大狗，缚在他的居第侧门边上。人很难做到六亲不认，而这条狗可是除主人外一律不认，来送礼的人统统被这猛狗赶跑不说，连一般行路的车马都被大狗吓得不敢从讷亲家门前过了。

讷亲经常受乾隆帝委托阅视军队营务，巡察河防，审理大案要案。如乾隆九年（1744 年)，他前往河南、江苏、山东等省视察绿营军队，顺道办理天津、河间二府赈灾事务，勘察浙江海塘和黄河水利。乾隆十年（1745 年）三月，讷亲晋为协办大学士，两个月后再升任保和殿大学士。此后不久，领班军机大臣鄂尔泰病故，按资历张廷玉应接替鄂尔泰，但张廷玉是汉人，所以乾隆帝破格以讷亲为领班军机大臣，称他是“第一受恩之人”。

乾隆十三年（1748 年)，清军进攻大金川久无进展，乾隆帝起用讷亲为经略大臣，取代张广泗任清军统帅。乾隆帝还任命老将傅尔丹为内大臣，岳钟琪为四川提督，打算尽早取得战争胜利。

大金川位于四川大渡河上游，绵亘一沟，南北不及 300 里，东西不足 200 里，中有大金川河，自北而南流入大渡河。土司莎罗奔与其侄郎卡据守的勒乌围和刮耳崖两寨，都在河东岸，地势险要，四周又有雪山为屏障，所经道路，皆悬崖峭壁，偏桥窄径。其中重要路口，又都筑起石碉守卫，客观条件对清军进攻非常不利。

讷亲本系书生，军事非其所长。他初至前线，采纳张广泗十路进兵策：发党坝、美诺、甲索、乃当、正地五路进攻勒乌围；以卡撒、腊岭、纳喇沟、纳贝山、马奈五路攻打刮耳崖。讷亲虽不知兵，却年轻气盛，限诸路清军三日内攻下刮耳崖。此时清军有三四万人，但保护粮运就需要上万人，十路进兵，更是力量分散。所以尽管付出了惨重的代价，总兵买国良、任举先后战死，仍然进展甚微。

这次大攻势失败后，讷亲变得畏敌如虎，一筹莫展。面对叛军的拼死抵抗，讷亲主张清军修筑石碉，与敌人共险。乾隆帝得报后断然反对，认为“敌之筑碉以为自守，我兵宜决策前进，奋力攻取。且用以破碉之人而令筑碉，是亦成株守之计”。讷亲无计可施，上疏请求调兵增饷，说必须增加精兵三万，待两三年后方能剿灭叛军。乾隆帝原意让讷亲稍获小胜，即召其还京以顾全脸面。然而讷亲贪生怕死，遥坐营帐中指挥打仗。此事被揭发后，乾隆帝以讷亲身为大学士经略大臣，贪图安逸，并不亲临前线指挥，唯知迁延时日，回京自逸，将其革职发往北路军营效力。

乾隆十四年（1749 年）正月，乾隆帝命令侍卫鄂实，携带讷亲祖父遏必隆的军刀，于班澜山清军营地前将讷亲杀死，令军前将领与士卒共见之。满朝文武得知讷亲被诛，皆大为震恐，对乾隆帝所说“天威深不可测”有了切身的体会。

和珅想到被乾隆帝誉为“第一受恩之人”的讷亲，竟落个军营前斩首示众的可悲结局，不由得浑身上下颤抖起来。

和珅眼下的处境与当年的讷亲有所不同，因为乾隆帝与他已结成儿女亲家关系。所以和珅打了败仗，乾隆不但没处分和珅，还亲自出来为和珅解围。乾隆帝说：海兰察、额森特等将领一向跟随阿桂打仗，阿桂指挥起他们来较和珅更为得心应手。如今阿桂已到达前线，为统一事权，便于指挥，由阿桂负责镇压这次起义，将和珅调回北京协助他处理朝政。

阿桂接替和珅指挥清军后，战局开始变得对起义军不利。苏四十三因清军聚集重兵，退往兰州城西南三十里处华林山。起义军在山上修筑防御工事，于沟壕之外安设卡栅数重，又将巨木纵横排立，密布如鹿角，使华林山成为东北临崖、西南设大卡的坚强堡垒。然而起义军终究缺乏作战经验，特别是他们孤守山头的战术，给阿桂以可乘之机。善于征战的阿桂采用严密围困的战术，迫使起义军陷于粮草枯竭、无路觅食的困境。至乾隆四十六年 (1781 年) 六月十五日，阿桂趁隙指挥清军发动突然袭击，攻上华林山，苏四十三等义军骨干大多数壮烈牺牲。起义军余部 200 多人被迫退至山上华林寺坚持斗争，至七月初，华林寺最终失陷，义军全部壮烈牺牲。

和珅回到北京后，将自己未能取胜的原因归罪于海兰察。他向乾隆帝告状，说海兰察在镇压苏四十三起义期间，并不努力带兵打仗，还收受他人馈赠的皮张等物。乾隆帝对海兰察极为信任，便不高兴地对和珅答道："海兰察能杀贼立功，别人送他皮张可以御寒，根本没必要责备他。你们这些人，不能在战场上杀贼，倒应当能谢绝人情才是。"

和珅听后，知道自己撼不动海兰察，反倒影响了乾隆帝对他的好感，遂处心积虑地采取补救措施。他向乾隆帝上疏建议：陕西毗连四省，形势险要，甘肃驻防军队又多调往新疆，应该增设当地驻军；又提出西安提督现在驻守固原，应将固原镇总兵迁驻河州，河州协副将改驻安定或会宁地方，以利镇压当地人民。和珅的这些建议，能够更有效地维护清朝在西北地区的统治，所以全被乾隆帝采纳，下令由在甘肃前线的阿桂贯彻执行。

半年之后，乾隆帝下令和珅兼署兵部尚书。这个任命证明，乾隆帝认为和珅有军事才能，但不适合到前线领兵打仗。乾隆四十九年 (1784 年)，甘肃又发生田五领导的回民起义，仍由阿桂指挥清军镇压起义。

事后，乾隆帝发布上谕说："此次剿办回民，用兵三月。朕披览奏章，指示机宜，和珅首承谕旨，缮写寄发，钜细无遗，一体宣劳。"上谕中除强调和珅在朝中的协调作用外，还宣布再赐给和珅一个轻车都尉世职，照例议袭。其余的人就没有和珅幸运了，军机大臣梁国治、董诰、福长安，及军机章京中勤劳出力者，得到的嘉奖仅是交部议叙而已。

和珅以后再未被派到战场打仗，每逢朝中有大的战事，他就为乾隆帝撰写谕旨，参与军事上的各种协调。但这种安排并不妨碍和珅荣立军功，从台湾林爽文起义起，每次较大的战争，他都得到非常高的荣耀。

台湾是我国的著名宝岛，明末曾一度被荷兰侵略军占据。顺治十八年（1661年），民族英雄郑成功驱逐荷兰侵略军，在台湾建立了抗清根据地。康熙二十二年（1683年），清政府统一台湾后，设一府三县管辖。乾隆时期，台湾经济有了迅速发展。当时人称："台湾地方，地土广饶，糖谷之利甲天下。"大陆人多地少，福建、广东两省漳州、泉州、惠州、潮州四府人民，为生计所迫，纷纷渡海前往台湾以种地榨糖为生。地主阶级中不少官僚垂涎台湾的财富，千方百计谋求去台湾任职，借机大肆搜刮。乾隆帝说："福建台湾府孤悬海外，远隔重洋，地方辽阔，民情刁悍，无籍奸徒往往借端滋事，皆由地方官吏任意侵婪，累民敛怨。而督抚遇有台湾道府厅县缺出，又以该处地土丰饶，不问属员能胜任与否，每用其私人，率请调补，使得侵渔肥橐。所调各员不以涉险为虞，转以调美缺为喜。到任后利其津益，贪墨无厌。而于地方案件，惟知将就完结，希图了事。以致奸民无所畏惮，始而作奸犯科，互相械斗，甚至倡立会名，纠众不法，遂尔酿成巨案。"

事实正如乾隆帝所说，地方官吏欺压百姓，聚敛民财，是台湾民众响应林爽文起义的根本原因。

林爽文，原籍福建漳州。他因家庭生活贫困，于乾隆三十八年（1773年）随其父迁居台湾彰化县大里代庄，以耕田赶车为业。十年后，林爽文在台湾参加了天地会。天地会是清初东南沿海地区民间反清组织。据清朝官府调查：天地会的早期首领，是和尚洪二房与朱姓者，均为广东人。清朝官员推测，可能是和尚洪二房假托康熙末年领导台湾起义的朱一贵名义建立起该组织的。

台湾总兵柴大纪是一个非常贪婪的将领。他派属下官兵乘船回内地，为他个人经商牟利，对地方治安事务不闻不问。天地会的活动虽然早被地方官发现，但林爽文将所立“天地会”名目改为“添弟”字样，就减除了地方官怀疑。

乾隆五十一年 (1786 年) 冬，总兵柴大纪派知府孙景储、彰化县知县俞峻及副将赫生额、游击耿世文率 300 名清兵去逮捕林爽文。清军驻营五里外之大墩，勒索村民擒林爽文来献，还焚烧了好几个小村庄恐吓村民。清军的暴行激起了村民们的义愤，林爽文乘机发动天地会会众起义，趁夜攻击清军驻营地，取得初胜。接着，林爽文率领起义军攻下彰化、诸罗县城，庄大田在凤山起兵响应，起义军形成南北夹击之势。

闽浙总督常青得知台湾发生起义消息，急忙派福建水师提督黄仕简和陆路提督任承恩两人率兵赴台湾镇压起义军。次年 (1787 年) 二月，清兵援军抵台占领诸罗县城后，在起义军的英勇抵抗下，几乎没有任何进展。四月，乾隆帝将作战不力的黄仕简和任承恩革职，授常青为将军，恒瑞、蓝元枚为参赞，增派 8000 兵力赴台。常青带兵到达台湾时，林爽文起义军发展到十多万人，他们作战勇敢，多次打败清军，常青只能固守在台湾府城内。

和珅

乾隆帝看出常青黔驴技穷，遂改换福康安代替常青为统帅。福康安当时任陕甘总督，路途遥远，接到任命后请求乾隆帝从全国调兵赴台湾。南方各省清军共 4 万余人被调去镇压起义，加上原来的台湾清军，总兵力达 6 万人。当年十一月，福康安率海兰察、鄂辉等骁将，及大批清军乘数百艘战船抵达台湾。在清军占有绝对优势的情况下，林爽文被迫率起义军退守大里代。福康安分兵四路向起义军发起进攻。起义军都是未经训练的民众，对手却是训练有素的精锐清兵。特别是参赞大臣海兰察，平准噶尔，攻缅甸，灭两金川均立有殊勋，所率巴图鲁勇士 2000 人，乾隆帝称其能“以一当千”。当海兰察率部进攻大里代时，遭起义军伏击，然而清军遇伏后竟屹立不动，而且迅枪箭齐发，迅速扭转局势，仅一天就攻下大里代。林爽文退入高山族居住区，后来被清军俘虏，押往北京，英勇就义。庄大田所部起义军也因寡不敌众失败，时为乾隆五十三年 (1788 年) 二月。

事情到此，似乎与和珅并没有发生多少关系，所以乾隆帝在上谕中首先表示：“逆首林爽文经福康安等设法生擒，办理周全，实属可嘉。”林爽文是福康安率兵镇压的，论功行赏必然要放在前面。随后便说到和珅：“大学士和珅，始终承旨书谕，于一切清、汉事件，钜细无遗，懋著勤劳，自应特加优赏。和珅本系一等男爵，著照从前大学士张廷玉之例，晋封为三等伯。大学士阿桂、王杰、尚书福长安、董诰，夙兴夜寐，一体宣劳，俱著交部议叙。”

乾隆帝赏给未上前线的和珅三等伯爵，也担心在战场上作战的将领不服，因此特地指出“著照从前大学士张廷玉之例”，来作为赐给和珅三等伯爵的根据。乾隆帝点明这一点，虽然是为了平息前线将领的不满，而对今人正确评价和珅的历史功过尤为重要。乾隆帝为他重用和珅提供了一个答案，在他的眼中，和珅的才干虽然不如前朝老臣鄂尔泰，但至少可以与张廷玉相提并论。

张廷玉何许人也?

张廷玉 (1672—1755 年)，安徽桐城人，大学士张英之子，康熙进士，康熙末年官至吏部侍郎。雍正帝即位后，张廷玉即升为礼部尚书；雍正元年 (1723 年)，张廷玉奉命为诸皇子总师傅，加太子太保衔，兼翰林院掌院学士，转户部尚书；雍正三年 (1725 年)，署大学士事；雍正四年 (1726 年)，拜文渊阁大学士。雍正七年 (1729 年)，清政府因对西北地区用兵，设立军机处，其制度皆为张廷玉一手制定。雍正朝“鄂张”并称，实际上鄂尔泰长期在外主持军事，雍正帝在朝中倚重的是张廷玉，因而说他是“大臣中第一宣力者”。有一次，张廷玉偶然患病，几天未上朝，雍正帝便问近侍：“朕连日臂痛，汝等知之乎？”近侍惊问何故，雍正帝答曰：“大学士张廷玉患病，非朕臂痛而何!”于是人人皆知张廷玉是皇帝心中的股肱之臣。张廷玉还负责纂修《清圣祖实录》，对雍正帝参与争夺帝位事巧加掩盖，雍正帝死后遗嘱以张廷玉配享太庙，成为清代汉族人中唯一得此殊荣之人。

乾隆帝即位后，张廷玉继续受到重用，且因襄助有功被晋封为三等伯爵。张廷玉年逾七旬后，屡次申请退休都未获准。乾隆帝多次赐诗张廷玉，表达挽留之意，直到同意他告老归乡，在赠诗中仍表示不忍离别之情：

早怀高义慕悬车，异数优留为弼予。
近觉笻鸠难步履，得教琴鹤返林间。
银毫无奈吟轻别，赤芾还看赋遂初。
拟问兰陵二疏传，可曾廿四考中书。
两朝纶阁谨无过，况复芸窗借琢磨。
此日兰舟归意定，一时翰苑怅思多。

诗中对张廷玉在雍乾两朝的作用，给予了充分肯定。然而张廷玉倚仗自己曾做过乾隆帝师傅，临行前以雍正帝“遗诏许配享太庙，乞上一言为券”。这本来是失礼之事，但乾隆帝碍于面子，勉强表示同意。按清朝礼仪，第二天张廷玉应当上朝对皇帝表示谢恩，可他并未亲身前来，只派儿子张若澄入朝。乾隆帝因此大动肝火，借题发挥百般羞辱张廷玉。他公开说：“试思配享太庙，皆佐命元勋，张廷玉有何功绩勋业，而与之比肩乎？张廷玉所长，不过勤慎自将，传写谕旨，朕诗所谓两朝纶阁谨无过耳!”且下令解除了张廷玉的三等伯爵。张廷玉因受儿女亲家、四川学政朱荃科场案牵连，甚至一度被抄家。但他去世后，乾隆帝仍准其配享太庙，称赞张廷玉一生谨慎“近于儒者”。

和珅与张廷玉相比较，两人在朝中所做的事务基本相同，在遇到战争时，都是赞襄皇上，为当朝皇帝撰写谕旨。既然张廷玉曾被封为三等伯爵，和珅也同样可以受封，何况和珅在镇压撒拉族起义时，亲自上战场指挥过军队，较从来没到过前线的张廷玉更有资格得到伯爵头衔。所以和珅还被列入此次平定台湾的20个功臣之中，得到绘像紫光阁的殊荣。乾隆帝亲自撰文称赞和珅，说和珅在镇压起义的过程中，秉承乾隆帝的训令，替他书写谕旨，且能使用满、汉两种文字。对于前方传来的大量战报，和珅得出的处理意见既明确又果断，为取得战争胜利创造了条件。此外，和珅还参与指挥镇压撒拉族起义，因此赐给伯爵以鼓励其忠于朝廷，使之尽快成为国家柱石。

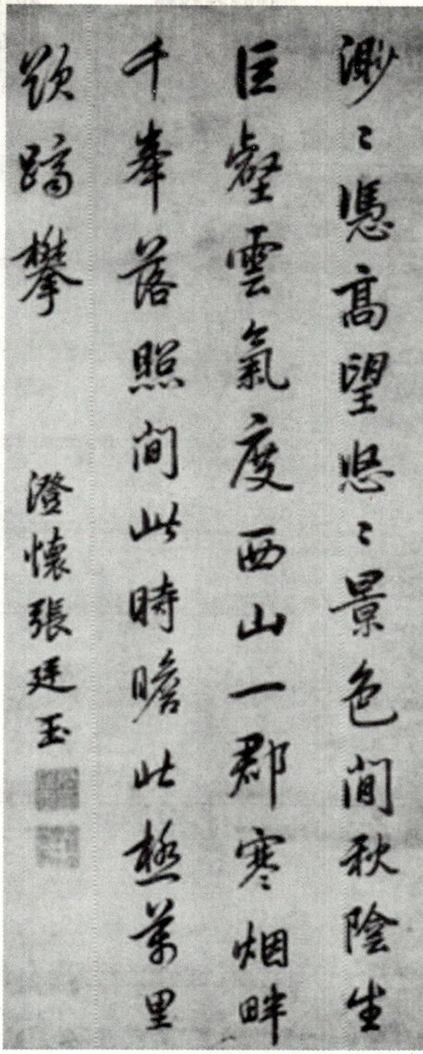

张廷玉书法

乾隆五十七年 (1792 年)，清朝取得反击廓尔喀 (今尼泊尔) 军队入侵西藏的胜利，和珅因参与是役，又受到“军功加三级”奖赏。

廓尔喀军入侵西藏，是因为垂涎六世班禅死后留下的财富引起的。乾隆四十五年 (1780 年)，是乾隆帝的七十大寿。六世班禅提前两年就从西藏日喀则札什伦布寺出发，前往承德避暑山庄为乾隆帝祝寿。乾隆帝为迎接六世班禅，专门在避暑山庄狮子沟口为班禅建造供其居住的须弥福寿之庙。六世班禅在避暑山庄万树园觐见乾隆帝，为其诵经祝福后，赴北京，居住在西黄寺，因气候不适，染上天花病逝。六世班禅逗留在承德和北京期间，得到清政府大量赏赐与蒙古王公的馈赠，金银不下数十万两，而宝冠、璎珞、念珠、晶玉之钵、镂金之袈裟、珍珠宝石更是不可胜计。清政府于六世班禅逝世后，特派理藩院尚书博清额将他的骨灰与所遗全部财产护送至日喀则札什伦布寺。这些遗产全被六世班禅的哥哥仲巴据有，他的弟弟沙玛尔巴因是红教喇嘛，分文未得。沙玛尔巴一气之下，出走廓尔喀，且大肆渲染六世班禅所居日喀则札什伦布寺如何富有，挑起廓尔喀人的侵略野心。

乾隆五十三年（1788 年），廓尔喀以西藏地方政府征收商税过重为由，出兵侵入后藏，占领了聂拉木、济咙、宗喀地区。西藏噶隆官员未等清朝出兵，在钦差大臣巴忠授意下，私自与廓尔喀军议和，答应只要廓尔喀军退回，每年愿意给廓尔喀三百个银元宝作为地租，是为“以元宝换土地”。廓尔喀军本为金钱而来，既然能不费力就拿到白花花的银元宝，自然同意退兵。待清朝驻四川军队赶到西藏后，巴忠与统兵将领鄂辉勾结，谎称廓尔喀举国内附，乾隆帝信以为真。但巴忠的议和条件没有得到达赖喇嘛批准，噶隆官员丹津班珠尔无法向廓尔喀交纳“地租”，引起廓尔喀的再次入侵。

乾隆五十七年（1792 年），廓尔喀军以索取地租为名，第二次侵入后藏，还以商谈如何交纳旧债的谎言，诱俘丹津班珠尔等西藏地方官员。由于清驻藏大臣保泰未等敌军深入，即将居住在后藏日喀则札什伦布寺的七世班禅移至前藏，导致了廓尔喀侵略军对札什伦布寺的抢劫。

班禅所在的札什伦布寺西南地方，左有曲多汪巩，右有彭错岭，沿途高山绝壁，向称天险，驻藏大臣若率兵据险设伏，本来万无一失。就札什伦布寺而言，也是负山面江，有险可守，大喇嘛仲巴（六世班禅之兄）所辖僧人数千，可以固守待援。班禅被移居前藏后，在廓尔喀侵略军到来前，大喇嘛仲巴将细软金银搬运至东喀尔藏匿，致使人心慌乱。又有喇嘛罗卜藏丹巴在吉祥天母像前占卜，妄称不可与贼接仗。

这样，廓尔喀军在无人抵抗的情况下进入札什伦布寺，将六世班禅遗留下的法器宝物和大量金银劫掠一空。

札什伦布寺被掠的消息传到北京后，时已升任理藩院侍郎的巴忠畏罪自杀，于是其他有关官员把私允地租的责任全推在这个死鬼身上。清政府调两广总督福康安为将军，以海兰察为参赞，率索伦和金川兵7000人入藏，乾隆帝谕令福康安昼夜兼程，务必于40天内进入西藏。为确保福康安获胜，清政府还下令四川官员，采买青稞7万石、牛羊2万只，以及供应入藏清军一年用粮。

福康安率清军入藏后，经过实地勘察，制定出周密的作战方案。清军首战擦木，杀死侵略军数百人；再战济咙，又杀敌近千人。随后，清军进入廓尔喀境内，攻克索勒拉山，渡过铁索桥，转战深入七百余里，六战皆捷，前后杀敌数千人。然而清军进至阳布城（今加德满都）附近时，中了敌军埋伏，都统台斐英阿战死。廓尔喀人自知不是清军对手，乘胜请求投降。福康安因当地八月就大雪封山，乃允其降。廓尔喀人尽献从前与巴忠所立地租合同，归还所掠夺的札什伦布寺金塔顶、金册印及其他金银财宝，释放丹津班珠尔等被俘西藏官员，交出沙玛尔巴尸体。此外，廓尔喀还向清朝进贡驯象、番马、乐工，表示永远服从清朝约束。

清朝取得反击战胜利后，免不了对参战将士加官晋秩，共有45个功臣享有绘像紫光阁的殊荣，和珅以“承书谕旨，办理秩如”，再次名列其中。

和珅在反击廓尔喀侵略西藏中的贡献，乾隆帝作如是评价说：“国家用武，帷幄丝纶，事殊四朝。清文、汉文、蒙古、西番，颇通大义，勤劳书旨，允称能事。”

由此可知，每逢清政府用兵，和珅都积极参与战事，协助乾隆帝决策于“帷幄”之中。特别是反击廓尔喀对西藏的侵略，对前线将领指授方略，协调西藏地方后勤保障，于西番文即藏文“颇通大义”的和珅，更于其中发挥了较大作用。和珅可以不通过翻译，直接阅读由藏文书写的前线战况，随后又将乾隆帝的有关谕旨，立即用藏文书写发出，这必然为前线将领抢占先机，提供了时间上的保障。故和珅此次被绘像紫光阁，较上一次更为名实相符。

主持外交，接待英使

和珅的外交才能，在乾隆五十八年 (1793 年)，清政府接待英国马戛尔尼使团活动中，得到了充分体现。

18 世纪末期，英国经过产业革命后，资本主义生产力高速发展，亟须扩大海外市场。英国向中国派出马戛尔尼使团的主要目的，就是为了打开中国市场。马戛尔尼是英国驻印度殖民地的高级官员，具有丰富的外交经验。此次马戛尔尼使团打着为乾隆帝补祝八十大寿的旗号，因此受到了清政府的欢迎。乾隆五十七年（1792 年），马戛尔尼使团从英国朴次茅斯港起航，用去一年多的时间，抵达当时由中国控制下的澳门。从英国使团人员的记载来看，清政府的接待工作主要是由和珅负责的。

马戛尔尼使团出发前，由英国东印度公司董事长出面，向清朝两广总督递交了正式信函，通知说为大清皇帝祝寿的礼仪性使团已经奉命起程来华。广东巡抚郭世勋将此消息上奏朝廷后，乾隆帝多次颁发谕旨，对英国使团的接待原则、礼仪款待都作了具体规定。如“接待远人之道，贵于丰俭适中，不卑不亢”；对于来华英人，“固不可意存玩忽，亦不可张大其事”。至于清朝从前要求外国使臣所行的“叩见之礼”，即向乾隆帝行三跪九叩大礼，并非绝对要求，如来使实在不同意，也可以顺其国俗。

乾隆帝年逾八旬，他的这些谕旨，显然是与和珅仔细磋商后，由和珅书写发布的，其中必然反映了和珅的部分外交主张。关于和珅主持这次重大外交活动的具体情况，英国使团副团长斯当东有较多记载，既可以补充清代文献之不足，又能够从中客观地了解和珅的外交方针。

马戛尔尼使团来到中国之后，在觐见乾隆帝礼仪问题上，引起了中英双方的激烈冲突。清朝方面官员在澳门见到英国使团时，就明确提出希望他们尊重中国礼节，同其他来中国的外国使团一样，向乾隆帝行跪拜礼，英国方面则始终坚持觐见时按英国礼节。使团成员从天津登陆进入北京后，特使马戛尔尼为此事立刻向和珅递交了一份备忘录，其中写道：英王陛下抱着最崇高的敬意派遣使节觐见中国皇帝陛下。本特使应以无限热诚来表达英王陛下的这种崇高的敬意。为了避免失仪和向尊严伟大的皇帝陛下表达地球上最远和最大国家之一的崇高敬意，本特使准备执行贵国臣民和贵国属地君主谒见贵国皇帝陛下时所行的一切礼节。本使准备在下述条件下这样做：贵国皇帝钦派一位与本使地位身份相同的大员穿着朝服在英王陛下御像前行本使在贵国皇帝面前所行的同样礼节。

马戛尔尼在备忘录中摆出的完全是一副强盗无赖的嘴脸！清朝方面当时缺乏外交经验，不懂或不清楚一般国与国之间的外交礼仪，这些固然是事实。但是不妨站在马戛尔尼的立场上反问一下，假设中国派出代表团回访英国，在觐见英国国王时向英国政府提出：如果我们遵照英国礼节向英王行礼，要求英国方面在现场，派出地位相同的一人在乾隆帝像前行中国的跪拜礼，相信英国人肯定会认为，中国代表的头脑是否出了毛病！因为各国有各自的国情，国情不同，礼节自然不同，不能强求别人服从。

马戛尔尼不遵照中国通行的礼节向乾隆帝行礼，这已经是对乾隆帝极大的不敬。因为他既然是为乾隆帝祝寿而来，却根本不顾及寿星老人的情绪脸面，还强硬地提出了一个先决条件，而且是明知清朝政府绝对不可能接受的条件，因为在为乾隆帝祝寿的庆典上，怎能悬挂英王的御像？当时不仅清朝做不到，英国也做不到。

最初，和珅对马戛尔尼的无理要求坚决予以拒绝。所以英国使团来到避暑山庄后，再次派使团的秘书代表马戛尔尼求见和珅。据英国人记载和珅会见使团秘书时的情形说：和中堂首先照例询问使节团访华的意图，公使当即把英王陛下致中国皇帝信件的译件交他过目。他看过之后似乎相当满意。随后，公使又把特使写给他的关于觐见礼节的说帖交出，和中堂做出毫不知情的样子。在说帖里面，特使把理由说得非常清楚简单，但看样子和中堂还要提出反对，最后说容他考虑之后回答特使，于是讨论就此结束。

从以上记载中能够看出，和珅在处理礼仪问题上，表现得相当得体。他虽然没有作正面回答，但却使英国人明显认识到，他不同意马戛尔尼的无理要求。同时也没有彻底拒绝英国人，说此事需要“容他考虑之后回答特使”，体现了他处理问题的灵活性。

值得注意的是，和珅并没有明确说，必须请示乾隆帝再作答复，这本来是他拒绝英国人的最佳理由。由此可以证明在某种程度上，他本人就有相当大的决定权。当中国方面最后通知英国使团说，马戛尔尼已经被允许，以觐见英王的礼节来觐见中国皇帝时，马戛尔尼本人心中有如释重负之感。而同时他也意识到，在礼节问题上他虽然获得胜利，但他将因此而更加遭受那些仇视英国的中国官员们的忌妒。实际上问题比他设想的更加严重，这无异于是变相宣告，英国使团企图打开中国市场的目的彻底破产。道理很简单，一个连出访国的礼节都不想尊重的代表团，还有什么其他问题值得商讨!

马戛尔尼鉴于双方间的礼节争端得到圆满解决，遂前往拜访和珅。拜访后马戛尔尼告诉使团成员说：和中堂接见他的时候，虽然保持了他的尊严身份，但态度十分坦白和蔼。双方照例首先进行了一番客套，然后和中堂问了许多关于欧洲，尤其是关于英国的情况。马戛尔尼在这次例行拜访中，重点谈了发展两国商业对中国的好处。但这对马戛尔尼来讲，是一个非常困难的话题。因为他自己心中非常清楚，中国目前并未感到以货易货从欧洲运进产品的必要。虽然中国从印度得到一些棉花和稻米，但中国几个省份自己也同样出产；虽然中国从英国输进生金银，但有时会因此而使国内日用品涨价；虽然英国军舰可以帮助中国剿灭海盗，但中国的内河航运非常安全，因此中国并不感到需要。中国一向自认为地大物博，可以不需要对外贸易而自给自足。中国同任何外国的贸易，绝不承认是互利，而只认为是对外国的特别恩赐。

所以马戛尔尼在与和珅的交谈中，尽可能采取非常委婉的提法。为了达到与清朝发展贸易的目的，马戛尔尼甚至不惜承认：这是清政府“对英国的恩赐”。和珅很客气地回答说，在使团留住中国期间，这个问题还可以从长计议。拜访结束后，马戛尔尼自己感到满意，回到他的住处，乾隆帝与和珅都分别派人给英国使团送去水果和蜜饯等食物。

通过这次当面与和珅谈话，马戛尔尼对和珅的总体印象是：“和中堂的态度和蔼可亲，对问题的认识尖锐深刻，不愧是一位成熟的政治家。他的飞跃上升，固然是由于皇帝的特别提拔，这种情况在许多帝国是相同的，但他同时也要得到当朝有势力的统治阶层的一致赞许才能长期保得住这个崇高的职位。”和珅或许并没有如马戛尔尼所说，得到清朝“有势力的统治阶层的一致赞许”，但和蔼可亲的态度，认识问题的深刻，使和珅得到“成熟的政治家”的评价。特别是这个结论出自在谈判中失败的英国人之口，应是相当客观可信的。

马戛尔尼在觐见乾隆帝时，事先作了一番精心打扮。他身穿绣花天鹅绒官服，缀以巴茨骑士钻石宝星及徽章。由于他具有牛津大学法学名誉博士资格，又在官服之上加罩一袭深红的博士绸袍。在清朝礼部尚书引导下，马戛尔尼双手恭捧装在镶着珠宝盒子里面的英王书信于头顶，至乾隆帝宝座之旁拾级而上，单腿下跪简单致辞后，呈英王书信于乾隆帝手中。乾隆帝接过英王书信，并不开启，随手放在旁边，很仁慈地对马戛尔尼说：“贵国君主派遣使臣携带书信和宝贵礼物前来致敬和友好访问，我非常高兴，我愿意向贵国君主表示同样的心情，愿两国臣民同样和好。”

乾隆帝同马戛尔尼稍微交谈数语，随后取出一块玉石，作为回赠英王的第一件礼物。按照中国规矩，外国使节除呈献本国国王的礼物外，本人也应贡献一份礼物。马戛尔尼和副使斯当东各自呈献了他们的礼物，乾隆帝收下后也回赠了礼物，整个觐见气氛是友好而愉快的。

马戛尔尼觐见乾隆帝的第二天，被安排游览御花园。乾隆帝见到一大早就恭候在门前的马戛尔尼说："我现在要往布达拉庙拜佛（此处指拜会六世班禅），因为你们同我们不是一个宗教，我就不叫你陪我去啦，你现在可以在御花园游玩一番，我命几个大臣陪你一同去。"

马戛尔尼最初以为，乾隆帝会命一位闲散不负实际责任的大员陪同前往，这在礼貌上已经足够了。令他万万没有想到的是，和珅本人正在一个亭子里等候陪他去游园。因为据马戛尔尼了解，这位中堂大人统率百僚，管理庶政，许多中国人私下称之为"二皇帝"。和珅受命从繁忙的政务中抽出时间，亲自陪他游御花园，反映了清朝对英国使团的重视。

1793 年英国派出以马戛尔尼为首的使团在承德避暑山庄觐见乾隆皇帝

在长达几个小时的游园过程中，马戛尔尼多次想寻找机会，向和珅提出英国使团的通商要求。英国文献说："和中堂自始至终殷勤地尽到招待责任，体现出一位有经验的廷臣的礼貌和上等教养。"然而，马戛尔尼却一直没找到谈论通商的机会，因为和珅有意安排了两广总督福康安陪同游览。在马戛尔尼眼里，陪同客人游览的所有主人都很客气，唯独福康安始终表示出傲慢不逊的态度，甚至丝毫不掩饰他对英国人的憎恨情绪。于是马戛尔尼猜测：他曾任两广总督，在广东领教过英国人的勇敢冒险精神，体会到英国的富强甚至可以同中国较量，这可能是使他恼怒的原因。

实际上福康安憎恨英国人，是因为他刚刚从西藏归来。前面讲过，福康安曾受命统兵入藏，主持反击廓尔喀对西藏的侵略。他在前线作战过程中，对于英国人对西藏的侵略野心有所察觉，故对马戛尔尼采取了敌视态度。

为了讨好福康安，马戛尔尼极力赞扬他的武功，但并没有发生任何效果。马戛尔尼又主动邀请福康安参观使节团卫队操演，而福康安的反应仍十分冷淡，说外国士兵操演他已经看过多少次了，言外之意是英国士兵也不会有什么出奇之处。

正当马戛尔尼感到索然无味的时候，和珅却抓紧时机告诉他，据清政府有关官员报告，英国舰队的“狮子号”和“印度斯坦号”军舰已经到达舟山，暗示英国使团可以乘他们的军舰回国了。马戛尔尼佯装不明白和珅的暗示，说马金托什船长现在既然已经见到乾隆帝，留滞此间无所事事，可以让船长先行上船。未等和珅讲话，福康安立即严厉反驳道：“中国万万不能允许外国个人随便往来内地。”马戛尔尼见无法再谈下去，只好请求和珅约时间再作商谈。

和珅虽然可以找借口拒绝进一步谈判，他本身有许多政务需要处理，但是他没有这样做，因为他用不着直接拒绝。由于在乾隆帝祝寿活动中过度劳累，他旧病复发了。陪同马戛尔尼游园之后，和珅回到家中，身体立刻垮了下来。和珅派人到英国使团住处，请使团的医生过去，为他诊断一下病症，英国使团的吉兰大夫立即随来人前往。

吉兰大夫到达和珅寓所的时候，几位清宫的御医正在那里会诊。根据吉兰大夫的事后记述，和珅的病情如下：和中堂自称四肢关节及肚腹下部感到剧痛，右腹下有一块肿胀。这些都是旧病，但过去从来没有一起并发过。关节痛多在春秋两季犯，肚腹肿痛常犯但很快就恢复。肿胀突然就犯，突然就好。但一般是身体过分疲劳之后发作得最厉害。

上述情况都是吉兰大夫问，和珅回答的。据吉兰大夫了解：中国大夫诊断和珅身体内有一股恶风到处移动，走到哪里，哪里就痛；诊治方法是在患处打通出路，把风驱逐出去，具体办法是针灸。和珅经常进行这种疗法，但病情始终不减。至于和珅的肚腹下部肿痛，御医们诊断同关节是一种病，治疗方法还是针灸。和珅怕在肚腹扎针伤及内脏，因而请英国医生前来会诊。

吉兰大夫到达后，和珅让家人向他献茶、献水果和糖果，然后请他诊断病情。和珅把手伸出放在一个枕头上，始是左手，继而右手。吉兰大夫入乡随俗，也故意在和珅左右手脉上按来按去搞了很久。但他同时告诉在座的人说："欧洲人诊断病症用不着按这么长时间的脉，因为身体各处的脉搏都是通过血液流通表达心脏的跳动，因此到处都是一致的，用不着按了一处再按一处。"

和珅及御医们听到吉兰大夫这些话，认为简直是奇谈，吉兰大夫叫和珅用自己的右手食指按左手脉搏，同时用左手食指按右足踝部脉搏。和珅非常惊异地发现两处脉搏同时跳动、完全一致，他这才信服吉兰大夫所讲的关于脉搏跳动的常识。

根据吉兰大夫的诊断，和珅的第一个症状是风湿病，系因长期受鞑靼山区的寒冷天气而得的；第二个症状，在诊察了患处之后，判断是小肠疝气。假如按照御医们的方法用金针扎小肠疝气，后果是严重的。和珅请吉兰大夫把病源及诊治方法书面写下来。他送了吉兰大夫十四丝绸，还说吉兰大夫的说法很清楚合理，但和中国通行的概念大不相同，新鲜奇怪，好似从另外一个星球上来的。

和珅的病痛尽管很快就解除了，但这成为他推迟与马戛尔尼会面的最好理由。在避暑山庄期间，马戛尔尼除了继续参加乾隆帝的其他祝寿活动外，直到离开，再也没有见到和珅。

从避暑山庄返回北京馆舍，马戛尔尼继续受到清朝的盛情款待。他通过在北京的外国传教士了解到，中国方面无论怎么样希望客人早走，都不会主动催促客人离开，或者在客人停留期间叫客人负担费用，这样做被认为是有损主人尊严的。既然如此，马戛尔尼决定等过了明年（即1794年）元旦（指春节）之后再离开。在此期间，他将尽力同中国方面谈判，谋求解决两国之间的一切重大事宜，尤其是通商问题。

马戛尔尼回到北京不久，接到中国方面通知说，乾隆帝即将返回北京，按照礼节他应当出城几里外郊迎。马戛尔尼自从进入中国后经常患风湿痛，当时正痛得厉害，走远路实在困难。但清朝官员并没有对他加以照顾，而是建议他把全部路途分两段走，头一天晚上先搬到圆明园附近他早先住过的别墅，第二天再去郊迎就不用走太远了。马戛尔尼只好提前一天，携数名随员搬到西郊别墅住下，次日天不亮就起身，走了两小时路到达指定地点。他在事先准备的一座大厅内稍事休息，即来到郊迎等候的御道旁边。不久，乾隆帝来到马戛尔尼等候地点，看见他后让轿子停下，派一个官员慰问他说，早晨天气阴凉，对风湿病痛不利，希望他马上回去休息。和珅的轿子紧跟在乾隆帝之后，对马戛尔尼没有任何表示。

在北京居留期间，马戛尔尼结识了清朝的若干高级官员。他们告诉马戛尔尼，清朝专门举行了会议，讨论英王致乾隆帝的信件，以及确立今后如何应对英国人的方针；说和中堂召集了进军西藏的福康安将军，还有曾受过处分的前任粤海关监督，听取他们的意见。马戛尔尼根据这个情报，给和珅写了一封信，信中向和珅表明，英国使团将在明年二月参加完中国元旦庆祝典礼之后起程返国。

和珅没有回信答复，但是派人送来一个通知，约马戛尔尼到圆明园谈话。

见到马戛尔尼后，和珅先交给他一些信件，是从停留在舟山附近的英国军舰上寄来的。马戛尔尼阅读信件后，告诉和珅“狮子号”军舰即将离开。和珅趁机说道：“你那狮子号船可以不必离开，等在舟山，你们大家一同回国。皇帝听说你部下的人到中国后死了几个，你自己身体也不好。他想是北京天气太冷，与你们洋人体质不合。将来交了霜降，天气要突然冷得紧。替你们设想，还是在河水上冻之前及早回去的好。陆路起程既不舒服又不方便。我们天朝的宴会礼节，春节和万寿差不多。贵使既然在热河参加了万寿典礼，也就不必再等着参加庆祝春节了。”

具有丰富外交经验的马戛尔尼当然知道，这是和珅以照顾英国人健康为由，客气地请他们打道回国，最好是尽快上路。他表示英国人习惯严寒天气，而且事先准备了御寒冬衣，说使团今后在北京的费用可以由英国方面承担，不必由清政府供应。因为他还有一些两国关系中的重大问题需要讨论，现在无法马上离开。随后，马戛尔尼用非常婉转的语气，概括地点出几个问题。

和珅始终保持一种置若罔闻的态度，故意东拉西扯，而对马戛尔尼提出的问题则一字不答。和珅这样不着边际地谈了一会儿后，将话题又回到英国使团早日回国上来，会见到此结束。

第二天清晨，马戛尔尼得到通知，和珅在皇宫大殿等候与他立即见面。马戛尔尼花了好长时间才来到皇宫，又经过无数的大殿，终于见到和珅。和珅先告诉他，乾隆帝给英王复信已经写好，而后将马戛尔尼以前赠送给和珅及其他大学士的礼物一一退回。马戛尔尼了解东方人的习惯，认为这是不祥之兆，但他还是向和珅谈及东印度公司在中国的贸易问题。和珅没有表示任何态度，仅仅说请他写一个书面意见，他将立刻加以考虑。接下来和珅请马戛尔尼游览紫禁城，马戛尔尼因身体不适予以谢绝。

当天下午，乾隆帝致英王的复信正式送到使团馆舍。除了书信之外，还送来乾隆帝送给英王的礼物十数抬，全是中国出产的精品。马戛尔尼及全体随员，以及使节团的仆人厮役，在北京的或不在北京的，每人各一份，体现了中国人的慷慨大方，以及清朝“厚待远人”的外交准则。

中国方面并没有给马戛尔尼规定归国日期，因此马戛尔尼决定在中国能多留一天就多留一天。但不久他接到来自东印度公司的一封信，称英国与法国近日可能断交，请求马戛尔尼乘坐的军舰保护英国商船回国。鉴于这种情况，马戛尔尼只好回国了。

马戛尔尼向和珅提出的问题，可以归结为七点：

1. 英国派使臣长期驻北京；

2. 清朝增开通商口岸；

3. 允许英国商人在北京设立商行；

4. 割让沿海岛屿供英国商人存放货物；

5. 清朝在广州拨地给英国商人居住；

6. 减轻英国商人税收；

7. 允许在中国传授天主教。

和珅对马戛尔尼代表英国政府提出的这些要求，均未当面予以拒绝，而是通过几天后乾隆皇帝给英国国王的复信，对英国的各项请求作了明确的答复。

关于使臣驻京问题，英国方面在英王信中，恳请派一位英国使臣长期居住北京，以便照管英国对华贸易事务。乾隆帝在复信中指出：

此则与天朝体制不合，断不可行。向来西洋各国，有愿来天朝当差之人，原准其来京。但既来之后，即遵用天朝服色，安置堂内，永远不准复回本国。此系天朝定制，想尔国王亦所知悉。今尔国王欲求派一尔国之人住居京城，既不能若来京当差之西洋人在京居住，不归本国，又不可听其往来常通信息，实为无益之事。

关于增加通商港口问题，英国方面希望清朝除了广州一地外，允许英国货船将来或到浙江宁波、舟山及天津、广东地方停船贸易。乾隆帝在信中说：

向来西洋各国前赴天朝地方贸易，俱在岙门设有洋行，收发各货，由来已久。尔国亦一律遵行多年，并无异语。其浙江宁波、直隶天津等海口，均未设有洋行。尔国船只到彼，亦无从销卖货物。况彼处并无通事，不能谙晓尔国语言，诸多未便。除广东奥门(今澳门)地方仍准照旧贸易外，所有尔使臣恳请向浙江宁波、珠山(即舟山)及直隶天津地方泊船贸易之处，皆不可行。

关于北京设立商行问题，英国方面要求准许该国商人，仿照俄国商人在北京城内设立商行，收贮货物发卖。乾隆帝以“更断不可行”五个字予以彻底否定。

关于割让沿海岛屿问题，英国方面提出，欲求靠近舟山地方小海岛一处，英国商人到此，即在该处停船休息，以便收存货物。对这种赤裸裸的领土野心，乾隆帝义正词严地指出：

尔国欲在珠山海岛地方居住，原为发卖货物而起。今珠山地方既无洋行又无通事，尔国船只已不在彼停泊，尔国要此海岛，地方亦属无用。天朝尺土俱归版籍，疆址森然。即岛屿沙洲，亦必划界分疆，各有专属。

关于广州拨地居住问题，英国方面要求拨给广东省城附近小地方一处，划归英国商人居住，或者允许在澳门居住的英商出入自便。这种要求，等于实际上摆脱清朝政府的正常管理。对此，乾隆帝毫不留情地告诫英国政府：

向来西洋各国夷商居住奥门贸易，画定住址地界，不得逾越尺土。其赴洋行发货夷商，亦不得擅入省城。原以杜民夷之争论，立中外之大防。今欲于省城地方另拨一处，给尔国夷商居住，已非西洋夷商在澳门定例。况西洋各国在广东贸易多年，获利丰厚，来者日众，岂能一一拨给地方分住耶!

关于税收问题，英国方面提出英国商人自广东下澳门，由中国内河运输货物，或者不上税，或者少上税。乾隆帝则认为：

夷商贸易往来，纳税皆有定期，西洋各国均属相同。此事既不能因尔国船只较多，征收稍有溢额，亦不便将尔国上税之例，独为减少。惟应照例公平征收，与别国一体办理。

关于传教问题，康熙年间，天主教曾一度被允许在内地传习。据统计，中国天主教徒曾达到25万人之多。由于部分天主教徒站在雍正帝的对立派一方，参与康熙末年的皇位之争，雍正帝即位后即予以严禁。除北京外，全国各地的天主教堂均被拆毁，外来传教士被遣送回国。乾隆帝同其父一样，对天主教的文化侵略和渗透，保持了高度警惕，他在复信中明确正告英国：

至于尔国所奉之天主教，原系西洋各国向奉之教。天朝自开辟以来，圣帝明王垂教创法，四方亿兆率由有素，不敢惑于异说。即在京当差之西洋人等居住在堂，亦不准与中国人民交结，妄行传教。华夷之辨甚严。今尔国使臣之意，欲任听夷人传教，尤属不可。

由上可知，乾隆帝在给英国国王的复信中，从维护清朝主权出发，对英国方面的要求，据理逐条进行驳斥。而据英国人的记载，乾隆帝的这些谕旨，大部分反映了和珅的看法。从清朝当时对英国使团的接待工作来看，这些谕旨显然出自和珅的手笔。和珅在复信中用“断不可行”，“皆不可行”，“亦属无用”，“皆有定例”，“岂能拨给”，“尤属不可”等准确明白的字句，对英国的要求给予彻底的拒绝。尽管这些答复是从维护清朝的统治考虑，在客观上起到了抵制西方资本主义入侵中国的积极作用，但也带有某种程度的闭关自守成分。总的来讲，和珅主持的这次对英外交是比较成功的。

皇帝亲家，地位稳固

如果说，和珅在乾隆帝执政后期崛起，是凭借他个人的出众才华，而他能够始终保持乾隆帝的绝对信任，则还有一个特殊原因，就是他和乾隆帝是儿女亲家，他的独生子丰绅殷德娶了乾隆帝最喜爱的小女儿——十公主。

十公主的生母惇妃汪氏是都统四格之女，生于乾隆十一年（1746年），比皇帝小36岁。老年得女，乾隆对十公主十分钟爱。关于乾隆对十公主的宠爱，还有一则民间流传的“少女射鹿”的故事。故事说，一晃十公主就12岁了。12岁的十公主脸色红润健康，臂力超过常人，史书上载她“能弯十力弓”。由于深受父皇和皇兄们的影响，这位刚刚发育成亭亭少女的皇室公主当然不专长针织女红，而是酷爱骑马射箭，搬弄刀枪剑戟。每到快木兰秋狝的时候，她都提前几日身着戎装，跃跃欲试。

一年一度的木兰秋狝在十公主的昼思夜盼下终于到来了。这天一早，一大队披挂整齐的人马浩浩荡荡地出了京城大门，向京城北面的木兰围场进发。

惇妃汪氏

进了围场后，随从们照常例身披鹿皮，头顶假鹿头，吹起木制长哨，模仿牝鹿的叫声，待牡鹿靠近时再进行捕捉。这种惯用的捕鹿方法叫做“哨鹿”。已有几年狩猎经验的十公主现在对“哨鹿”已经不怎么感兴趣了，记得前几次来时，她还非闹着要披上鹿皮，戴上沉重的鹿头哩！这一次她端坐在小马上，目光炯炯地盯着树林草丛，右手擎弓，左手拿箭，只待目标一出现，她便要抢个头功。

木哨吹响后，树林中随即传来牡鹿的和鸣声。紧接着，数十头颜色鲜黄美丽的牡鹿便分别从各个方向没头没脑地钻了出来，这些被爱情迷昏了头脑的动物，还丝毫不知道前面等待着的是死亡的陷阱。

牡鹿一出现，众人便都弓箭上弦，寻找各自的目标。十公主这时也瞅准了一头中等的牡鹿，趁着这个肥胖的家伙仰头望天，满心迷惑找不到牝鹿的当口，十公主冲它的头和胸"嗖、嗖"就是两箭。这只牡鹿没能弯回头来看一眼射它的十公主，便哀鸣了一声倒下了。

十公主见状立刻丢掉了箭，欢呼一声策马驰了过去。这时众大臣及乾隆也看见了十公主的战果，随从们不待吩咐已把这头还没断气的肥鹿抬到了眼前。乾隆高兴之余吩咐赏赐十公主黄马褂一件。本来就身穿男装、戎姿英发的十公主，穿上黄马褂以后更显得干练精神，风流潇洒了。在众大臣的群声欢呼中，乾隆皇帝看着这个心爱的女儿，心里像喝了蜜酒一样舒服。

到了晚上回到营帐后，乾隆拉着十公主的手，不由自主地说道：

"可惜！可惜你不是个皇子，若是个皇子，朕一定立你为太子！"

12 岁的十公主听了这话微微撇了撇嘴，笑道：

"父皇尽说些傻话！"

不久，乾隆破例封十公主为固伦和孝公主。按照清朝皇家体制，皇后所生的女儿才能封为"固伦公主"，品级相当于亲王；妃嫔所生的女儿，封"和硕公主"，品级相当于郡王。公主不是皇后所生，也不是皇贵妃所生，只是因为受到乾隆的特殊宠爱，才按皇后之女加封。乾隆还允许公主未出嫁时乘金顶轿。

十公主早在六岁那年，就由乾隆做主，指配给了和珅的独子。乾隆为这个小额驸赐名丰绅殷德（丰绅，满语是福泽之意）。于是和珅便成了十公主的"公公"。

十公主深受父皇宠爱，常常和众皇兄一起，被带在父皇身边。由于经常在男孩子堆里混，所以她渐渐沾染了一副豪爽倜傥的男孩儿气质。不但气质如此，她还喜欢着男子衣冠，学男子口气说话。例如她

对自己未来的公公和珅，便不呼以“公公”，更不呼以“大人”，而是呼之“丈人”，为清廷宫闱秘史增添了可爱而有趣的一笔。

在圆明园的同乐园，乾隆为了增添乐趣，命人设“买卖街”。从初一开始，一直到初九结束。后宫诸妃嫔及朝中各大臣，俱可不避嫌疑，入内买卖。“买卖街”内古玩、衣物以及酒馆、茶房一应俱有，甚至还有携带小筐在人群中穿梭叫卖的。这些店铺的主人全部由宫内的太监充任，而店铺内跑堂的、打杂的、酒保及小二等人，却都是从宫外择优选来的。他们一个个声音洪亮、口齿伶俐，而且待人接物落落大方，规行矩步，甚有章法。“买卖街”中的物品，则是由专人监督自城外店铺采办而来，采办物品时，经办人要将物品及价格一一登记造册。宫市散后，已卖去的物品，便按价付给店铺，没有卖出的，原物奉还。

这一年乾隆皇帝携带爱女游览“买卖街”，正好遇见了也来游逛凑热闹的和珅，主臣三人遂结伴同行。一路之上，但听见各店铺内跑堂的吆喝声，店小二的报账声，账房先生的核算声及其他叫卖声响成一团，众音混杂，使人如临真的市井。乾隆与十公主都兴致勃勃，心花怒放。十公主一路蹦跳着向前，来到一个卖衣物的店前，十公主被一件大红呢夹衣给吸引住了。乾隆帝再三喊她，她就是不行一步。乾隆见此故意附在十公主耳边说：“你若是中意，可向丈人索要!”

十公主一听豁然开窍，便回身去寻和珅。那和珅是何等乖巧伶俐之人，他早就看出了十公主的心思，因此不等十公主开口，已经以 28 两银子的价格将衣服买下，双手捧着送到十公主面前了。十公主一见开心至极，接过衣服便脆生生地说道：

“谢谢丈人!”

说完不等和珅还礼，也不同父皇拜别，便紧紧地抱着衣服，一溜烟地跑回后宫中试衣去了。

乾隆五十三年 (1788 年)，13 岁的和孝公主被破格册封为固伦公主，并于同年的三月二十日起开始蓄发，准备出嫁。据清代档案记载，同一天里，乾隆赏赐了一大批绫罗绸缎、珠宝玉器给她，不仅如此，六天之后又下谕赏给她金镶松石如意一柄、伽南香念珠一盘、汉玉扇器四件，并同时赏给丰绅殷德金镶松石如意一柄。

乾隆五十四年（1789年），和孝公主与丰绅殷德举行了指婚礼。这年闰五月初二，乾隆下谕旨说："凡下嫁外藩固伦公主，例支俸银一千两。如系在京住者，即照下嫁八旗之例支给。从前和敬固伦公主，虽系在京居住，而俸银、缎匹仍照外藩之例支领，年久未便裁减，是以降旨仍许照旧关支。今和孝固伦公主，系朕幼女，且在朕前承欢侍养，孝谨有加，将来下嫁后，所有应支俸禄，亦著一体赏给一千两，以昭平允，而示嘉奖。"在这首诏谕中，乾隆规定颁给和孝公主的俸禄为最高一级，与下嫁外藩的固伦公主待遇相同，我们由此可见乾隆对和孝公主的偏爱之一斑。

同时，乾隆还下谕旨："命固伦额驸丰绅殷德在御前行走。"后又授其散秩大臣之职。

乾隆五十四年（1789年）十一月二十七日，14岁的和孝固伦公主正式下嫁给了丰绅殷德。在她出嫁前，乾隆除了赏给她大量土地、庄丁和奴仆外，还赐给她一批极为丰厚的妆奁。

乾隆又以过生日为名赏给和孝公主的母亲惇妃白银300两。

在公主与丰绅殷德的婚礼上，满朝文武到公主额驸身边献礼，即使年迈的阿桂亦行跪拜礼。于是，和珅确立天下第一宠臣地位。

有了成功的经验，和珅对与皇帝联姻更娴熟了。过了几年，和珅又把自己的女儿嫁给了皇族——康熙帝玄孙永均贝勒。

不仅如此，和珅把侄女，也就是弟弟和琳的女儿嫁给了乾隆的孙子绵庆，此时和琳尚在外地，嫁女之事由和珅一手操办。绵庆为永瑢第六子，"乾隆五十五年袭质郡王，嘉庆九年薨，谥曰恪"。

指鹿为马，睚眦必报

和珅向来自视多才多能，然而却未在军事上有所建树，这使和珅终身引为憾事。尽管乾隆帝对他大加照拂，每次朝廷在边疆或内地取得战争胜利时，不忘给和珅加官晋爵。但和珅心里并不感觉特别高兴，因为他十分清楚，自己靠撰写谕旨混迹军功，前线浴血作战的将领怎能服气!

不说别人，他自己的胞弟和琳就比他强。乾隆末年，清朝反击廓尔喀 (今尼泊尔) 入侵西藏时，和琳奉命督运粮饷。清军作战地区人烟罕至，空气稀薄，民夫连正常走路都很艰难，何谈转运粮食。和琳命令民夫把米绑在羊背上，驱羊随军前进，以保证军队粮食供应。和琳这个方法的确高明，用羊运粮，既节省了民夫运力，羊本身又可以为清军解决肉食之需，因而得到前线将领交口称赞。和琳多次被乾隆帝派出领兵作战，后来病死在镇压苗民起义的战场上。

和珅要为自己争这个面子，他就不信，别人能为朝廷建功立业，他和珅为何不能？皇上因众将不服他的瞎指挥，不再派他到边疆领兵打仗，但在内地为朝廷铲除大奸大恶，同样能够立下殊勋。和珅心里想，你阿桂打苏四十三，不就是镇压内地百姓吗？这样的事情做起来，是难不倒我和某人的。于是和珅命令属下，为他四处查访，寻找机会。

和珅兼任权力极大的步军统领一职，可以为他找机会立功提供些方便。清代步军统领，俗称“九门提督”，指挥步兵两万人，负责保卫首都安全，维持京城社会治安。和珅利用这个条件，派出不少衙役，侦察民间动静，探听各种传闻。有一次，衙役们在小酒馆里，听到有位山西商人讲，前些年在山东起事的王伦实际未死，正潜伏在他的家乡某地。衙役们听了如获至宝，一面暗中派人监视这个山西商人，一面赶紧去禀报和珅。

王伦

王伦何许人也，能得到和珅如此关注？

王伦是山东寿张县党家庄人，擅长武术，精通医学，能用气功为人治病。他生性慷慨，济危扶困，治病不收报酬，在乡亲中威信很高。他利用走村串乡之机，往来于寿张、堂邑、阳谷等县，念经聚会，图谋反对清朝统治。

乾隆三十九年（1774年）秋天，王伦看到寿张地方粮食歉收，地方官仍然照旧催粮，引起群众强烈不满，便决定趁机发动反清起义。他率领起义农民攻进寿张县城，杀死知县沈齐义，声势大振，数日之间，起义军人数即达两千之众。

清廷大为恐慌，乾隆帝忙派大学士舒赫德为钦差大臣，前往山东进行镇压。起义军攻占山东临清旧城，挖掘地道，准备夺取新城时，舒赫德率清军赶到。王伦率起义军主动出城迎战，终因寡不敌众，被清军冲入城内。城破后，王伦坚守在原河南巡抚汪灏的大宅院内，继续与清军战斗，最后在院内小楼上举火自焚，壮烈牺牲。据目击者回忆：当时火势浓烈，王伦须发已经焦灼，仍端坐楼上一丝不动，表现得极为英勇。

王伦虽死，清军得到的只是一具烧焦的尸体。由于清军未能活捉王伦，被镇压的群众纷纷传闻王伦未死，以鼓舞反清意志。清廷自然不会相信这种传闻。

唯有和珅一人相信王伦未死!

他想如果自己能派人生擒王伦，为朝廷立下大功，肯定能得到乾隆帝的更多青睐。所以他听了衙役汇报后，马上让他们继续跟踪这个山西商人，但千万不要打草惊蛇，坏了大事。衙役们经详细调查了解到，这个商人名叫董二，家住山西林县，已超出和珅的管辖范围。

和珅有他的办法。当山西巡抚觉罗长麟进京时，和珅就嘱托觉罗长麟办理此案，并且一再强调说："无论其真伪，务坐为逆党，吾与公偕得上赏矣。"言外之意就是不管真假，只要认定某人是王伦就行。

然而和珅碰了个钉子。因为觉罗长麟是清朝皇族，他不想为和珅草菅人命。

清代皇族分为两种：努尔哈赤的祖父觉昌安的后代，称"觉罗"；努尔哈赤的父亲塔克失的后代，称"宗室"。长麟是觉昌安的后裔，故名字之前冠有觉罗二字以示尊崇。觉罗长麟是进士出身，面色红润，修髯伟貌，言语儒雅，以部员升为督抚，性聪敏，历任外省大吏，以廉能出名。他在江苏巡抚任上，擒获强暴，禁止奢侈，曾经私行市井，访查民隐，经常就食于面馆，当地人传为美谈，是一个堂堂正正的清官。

尽管觉罗长麟出身皇族，但和珅是乾隆帝的红人，何况所托之事关系重大，他不能置之度外。所以他一回到山西，就亲自调查此事，原来是董二与某家人有仇，故意到处散布谣言，以假王伦事陷害对方。觉罗长麟不由怒道："我已经是白发垂肩之人，奈何灭人九族，以媚权相也。"根据调查结果，董二被判以诬告罪。

觉罗长麟因此得罪了和珅，后来被和珅寻找机会，充军伊犁数年。到嘉庆帝亲政后，觉罗长麟才被召回，任为陕甘总督。

此事到此还没有结束。

和珅属下有个衙役，知道主人不会善罢甘休，他想利用这个机会讨好和珅，于是向他献计，说大人还应当在山东查找，或许能得到某些线索。和珅觉得很有道理，便签发一道密令，让这个衙役与另外一人结伴前往山东暗中访查王伦踪迹。

和珅手下的衙役，平时倚仗和珅的权势，在北京城中横行霸道，不仅平民百姓敢怒不敢言，连普通官员也惧怕三分。

岂知和珅的这两个衙役，在山东博山碰了个硬钉子!

一日，和珅的两个衙役带着十几个地痞无赖来到山东博山县境。他们找到一处饭铺，大吃大喝，酒足饭饱之后，就打算继续上路了。这在北京城里，人们已经习以为常，不打算付钱的人，当然是惹不起的人。特别是和珅属下的衙役经常如此，店家也都有所了解或熟知，遇到他们，自认倒霉罢了。

此次和珅的衙役们却犯了一个常识性错误，他们忘记了这是在山东，不是在北京城内。特别是博山县令武亿，手下的衙役从来不敢吃饭不付钱，因此在当地百姓心中，是一个秉公执法的青天大老爷。

博山县令武亿，字虚谷，取成语“虚怀若谷”之意，河南偃师人，进士出身。武亿未做官之前，在家乡就是个著名的仁孝君子。当年他与长兄一道赴京赶考时，长兄突然得了重病，因身边所带盘缠太少，请不起名医，用不起好药，病死在京中客栈里。长兄死后，武亿强忍悲痛，将身边仅剩下的一点钱，买了一辆手推车，把长兄的遗体装在车里，一路上吃尽千辛万苦，将哥哥的遗体运回家中。到达家乡时，他的双脚全走烂了，一连几个月无法走路，令乡亲们感动万分。武亿还有一个族孙，自小父母双亡，他将这个族孙领回家中，抚养 15 年，直到长大成人。武亿特别敬重老师。他的老师在外地去世后，武亿赶了一千多里路前去吊唁，使老师家乡的人十分钦佩。武亿出仕前在学术上已有很大名气，他对经学很有研究，同时还是金石学的权威。武亿中进士后，出任博山知县，以廉洁奉公闻名遐迩。

有一次，武亿审理某煤窑争夺案件，其中一个窑主通过县中的典史，请他转送给武亿两千两银子，好让自己打赢这场官司。这个典史几次寻找机会，想把这笔银两交给县令，但都没有找到讲话时机。为人极为精明的武亿，很快发现了这个典史的行贿企图。武亿在一次天旱祈求降雨的仪式上，故意对天祈祷说：“请老天爷、各路神仙保佑，我武亿虽然家贫，但决不做贪官污吏，为官一天，就为博山百姓做一天好事。若老天爷保佑我这样的清官，就请打雷下雨吧！”

武亿刚刚说完这些话，天空就响起了隆隆雷声，接着瓢泼大雨下了起来。那个收了两千两银子的典史，被这一切惊得目瞪口呆，以为武亿有神仙暗中帮助，吓得立刻向武县令交代了所收贿赂事。这件事随之传开，当地上自县中官吏，下自地方土豪乡绅，都把武县令供若神明，博山县得到大治，再没有人做欺压小民之事。

所以当和珅的衙役拒不付钱时，店小二立即上前揪住他们，叫他们结了账再走。和珅的衙役吃惯了白食，没想到在小小县城中，居然还有人敢要他们付饭钱，当即把要钱的店小二打得鼻口出血，又把饭铺砸了个稀里哗啦才离去。当地人从他们的口音中，听出这些人来自京城，急忙报告知县武亿。

武亿得到报告，说有人竟然在光天化日之下，公开赖账不给，还将店小二毒打了一顿。他马上下令县衙役全体出动，速将这群不法之徒缉拿到县。

两天后，衙役报告武亿，已将歹徒全部捉拿到县，听候开庭审理。武亿命令升堂审案，将歹徒押上大堂。当这群人被带上大堂时，为首的两人昂首阔步而入，见武亿不但未按照规定下跪，反而从身上掏出腰牌说道：“我们是京城提督衙门和大人属下，奉命出差到山东暗中访查朝廷钦犯，命令沿途地方官配合，知县大人凭什么将我们捉拿？”

衙役满以为小小博山知县，一听和珅威名，还不吓得屁滚尿流，立刻向他们赔罪，然后乖乖地将他们释放，说不定还要摆酒向他们道歉呢。

谁知武亿听罢，一阵冷笑，然后大声喝道：“你们既然奉命暗中访查，地方官理应协助。那么你们已经来到博山县三天，为什么不来见我？再说只有两个腰牌，为什么却有 15 人出来办案？这哪里是暗中访查，简直是一伙明火执仗的强盗，给我狠狠地打!”两旁的衙役听令，立即将十几人按倒在地，高举大木板，不由分说一顿痛打。

这两个衙役吃了一顿板子，回去向和珅告状。和珅听到武亿敢打手下的衙役，勃然大怒道：“这个博山县令是不是疯了，连我手下的衙役也敢打?”后来经过派人调查，得知武亿是不畏权势的清官，怀疑他是有意所为。和珅便授意山东巡抚，寻找借口将武亿罢职归乡。

武亿虽遭和珅报复，但和珅的衙役们遭此痛打，再也不敢轻易离京了。

江苏金坛县贡生蒋衡，是个著名的书法家。他于乾隆初年手书《十三经》一部，呈献给乾隆帝。乾隆帝非常喜欢，赐给蒋衡国子监学正衔。

乾隆五十六年 (1791 年)，年逾八旬的乾隆帝闲来无事，命人拿出蒋衡手书《十三经》赏玩。他看着蒋衡令人赏心悦目的雄浑书法，忽然想到这样俊逸的字迹只有自己看到，实在可惜，应当把它刻在石碑上，放在清朝最高学府国子监里面，供在里面读书的太学生们学习临摹。学生们一面可以读经，一面又能欣赏书法，岂不是两全其美的好事。

想到这里，乾隆帝立刻派人找来礼部尚书彭元瑞，让他具体办理此事。清代人称此项工程为“勒石太学”。

礼部尚书彭元瑞，来自江苏苏州府一个著名的教育世家。他为了使刻在石碑上的《十三经》文字准确无误，以利太学生学习并能流传千古，花费一年多的时间，将蒋衡手书原文与清朝内府所藏宋朝以来各种善本校对，考证其文字同异原因，著成《乾隆御定石经考文提要》一书。凡是蒋衡手书原文与内府所藏善本文字不一致处，统统加以改正。工部尚书金简根据彭元瑞的定本，组织雕刻工匠，将《十三经》全文刻在石碑上，总共刻了 190 块石碑，刻成后立在国子监中，被当时人称为“石经”。

因此事关系重大，彭元瑞事先上疏乾隆帝说：“石经将垂训万世，只臣与金简二人列衔办理。臣以末学，金简又是高丽 (朝鲜) 人，恐不足取信世人。”乾隆帝认为彭元瑞言之有理，遂加派大学士和珅、王杰二人为总裁，董诰、刘墉、金简、彭元瑞四人为副总裁，金士松、沈初、阮元、瑚图礼、那彦成五人随同校勘。

事成之后，两个总裁、四个副总裁、五个校勘官员，总计 11 人中，只有彭元瑞本人受到乾隆帝奖赏，加太子太保衔，和珅与其他十人没有得到什么好处。这且不提，乾隆帝还下令在《十三经》的每部书后，把彭元瑞所写《乾隆御定石经考文提要》的相关内容附在后面，成为石经的组成部分。

彭元瑞校对石经，写了著作，加了官衔，又留了名，引起和珅的嫉恨。和珅极力诋毁彭元瑞《乾隆御定石经考文提要》一书，说“非天子不考文”，彭元瑞的著作有私书之嫌，提出从重惩治彭元瑞。乾隆帝出来干涉说：“彭元瑞本以‘乾隆御定石经’加其上，何得目为私书？”这样，彭元瑞才免于被治罪的命运。

乾隆帝出来讲话，和珅仍不肯罢手。

他私下组织了一些文人，针对彭元瑞的《乾隆御定石经考文提要》写成《考文提要举正》一书，重点是挑彭元瑞的错误。然后，和珅署上自己的名字，呈献给乾隆帝，说彭元瑞的书没有学术价值，而且会误人子弟，请求将彭元瑞所著《乾隆御定石经考文提要》销毁，不准私人保存此书。

乾隆帝不赞成和珅的看法，认为和珅是小题大做。他劝和珅说，彭元瑞不过是写了一本书，即使有些错误，让它留在世上，后果再严重，也就是引起一些学者们的争论罢了，对国家产生不了什么坏影响。如果现在把这书销毁了，倒显得朝廷不允许学术自由。和珅听了，无话可说。

和珅知道不能通过乾隆帝惩治彭元瑞，他便自己行动。和珅让自己的亲信们趁深夜来到国子监，将碑中文字从古者，即彭元瑞改正的字全部挖掉，换成和珅《考文提要举正》认可的字。由于和珅的反对，彭元瑞所著《乾隆御定石经考文提要》一书，没人敢刊刻出版，看来乾隆帝有时也让和珅几分。

后来学者阮元外任浙江巡抚，嘱托门人许绍京以个人名义刊刻了《乾隆御定石经考文提要》，使这本书得以保存下来。嘉庆二年 (1797年)，乾清宫发生了一场大火灾，宫中所藏宋版书全部化为灰烬。宋本《十三经》幸亏彭元瑞校对石经，尚存其大概面目。嘉庆八年 (1803年)，彭元瑞提出重新查对国子监石经，把和珅挖改的文字恢复原貌。嘉庆帝委派董诰、纪昀等人负责改正。石经文字尽管恢复了本来面目，但好端端的一块石碑，经过两次刀砍斧凿，损失之大是可以想象的。

清朝人称："自和相 (珅) 秉政后，人无远志，政以贿成。"乾隆帝晚年的政治局面，基本上可以用"政以贿成"四个字来概括。地方督抚官员，谁不给和珅送礼，谁就要被他置之死地而后快。浙江巡抚福崧就是一个例子。

福崧，乌雅氏，工部尚书海望之孙。福崧的仕宦生涯，在某种程度上沾了祖父的光。原来乾隆帝的头一个皇后富察氏，乾隆十三年(1748 年) 随同乾隆帝东巡时，死在山东德州附近的船上。乾隆帝十分悲痛，下令把富察皇后的遗体连同船只一起运回北京城。皇后乘的船很大，到北京城时，负责的官员连城门都拆除了，还是运不进去。工部尚书海望想了个聪明的方法，他叫人在城楼上搭个架子，然后把菜叶层层地铺在架子上，让拉船的纤夫将皇后所乘之船拉到木架上，利用菜叶的柔滑性把船拉入城内。乾隆帝因此对海望另眼相看。

福崧借了祖上的光，20 岁就任大吏。甘肃撒拉族苏四十三起义时，他率清军首先冲入华林寺，被义军火枪击中帽顶而面不改色，阿桂因此极力荐举他忠勇可以重用。福崧先后两次出任浙江巡抚，在任内处事果断，有能吏之风，下属很敬重他。福崧为官廉洁奉公，除正常俸禄收入外，不接受任何人的礼物。浙江人在清朝吏治日益腐败的情况下，对遇到这样的好巡抚十分庆幸。福崧政绩昭然，因此不像那些贪官污吏，经常送给和珅大笔白花花的银两。和珅为此总想找福崧的麻烦，恨不得将他置于死地。

福崧对母亲最孝顺，而他的母亲有出外游览风景的嗜好。俗话说，上有天堂，下有苏杭。浙江省湖山名胜为天下之最。杭州西湖风景秀丽，自南朝以来留下诸多名胜古迹，如灵隐寺、花港观鱼、平湖秋月、岳王坟等。福崧的老母朝夕出游不说，经常是乐而忘归。福崧的属下虽然极尽地主之谊，但天长日久，招待费负担太多，对巡抚大人母亲的这个嗜好产生了强烈不满，但碍着长官的面子，又不好公开反对。就是福崧母亲的这个嗜好，使他的儿子丧命。

福崧属下盐运道员柴桢，庸碌无能，向来被福崧讨厌。但柴桢花了些钱送给和珅，竟然当上了两淮盐运使的好差使。柴桢临上任前，福崧发现柴桢管理的盐运道库银出现亏空。经调查，是柴桢给和珅送礼买官所为。柴桢答应福崧，到两淮盐运使任上，就想办法把亏空银两补上。他到任后，果然如数送来银两，补足了浙江盐运道库的银子。

这件事到此本已完结。但福崧是负责任的清官，他担心柴桢拆东墙补西墙，送来的银子仍然是出自国库。于是他叫人行文两淮盐运库，了解运库贮银是否出现了亏空。

岂知这事给和珅找到一个报复福崧的机会!

两淮盐运库库使戴金德是和珅的亲信死党。他从福崧调查柴桢的行文中，得知福崧允许属员赴任后填补亏空。按照清朝规定：官员调动，必须保证所管银两没有亏空才能赴任。但当时政以贿成，各地官员任内普遍出现亏空，福崧叫柴桢抵任后补足亏空，这种做法早已司空见惯，但显然是违反朝廷规定的。戴金德秉承和珅的旨意，上疏弹劾福崧庇护下属短缺国库银两。朝廷遂派钦差来处理此案。

钦差事先受和珅的委托，一定想法找到治福崧死罪的证据。在审理柴桢管理的账目中，发现写有“馈福公金一千两”的条目，这一千两银子，本来是送给尚书福长安的，却硬说是送给福崧的。加上福崧老母平时到处出游，得罪了一些官员，影响了他的官声，没有人站出来替他辩护，于是罪名成立。乾隆帝认为福崧本是好官，此事有些蹊跷，便下令把福崧押往北京，欲亲自审理此案。

福崧自恃平时两袖清风，根本不怕到北京受审，遂在途上扬言，他是受害者，要到北京揭发和珅。和珅知道如果真的让福崧到北京见到乾隆皇帝，说出自己几件有真凭实据的受贿事来，会给自己带来极大危险。和珅便更改了案件供词，把福崧母亲出游的事加以无限夸大，说福崧不理政事，一年四季都在陪老母巡游。福崧携其母今日雁荡山，明日天台山，后日栖霞岭，弄得怨声载道。福崧不顾百姓死活、属下官员反对，他还说这是仿效当今皇帝，以尽孝子之心。

和珅太了解乾隆帝的心思了，欲将福崧置于死地，真是举手之劳！

乾隆帝一生都在四处巡游，他曾赴东北谒陵祭祖，到五台山讲道拜佛，常年前往承德围场狩猎，先后六次南巡江浙。在这些巡游活动中，以南巡路途远，时间长，耗费多，对老百姓骚扰最大，因此不少官员反对南巡。尤其是浙江地方官员，最不赞成南巡。所以乾隆帝每次南巡，都携其母亲钮祜禄氏同行，打着尽孝道的旗号，以减轻阻力。即使如此，还是有一些正直的官员公开反对。

有一次，乾隆帝到了杭州西湖，召当地官员作诗，在籍养病的礼部侍郎齐召南表示，有病不能写诗，实际是反对乾隆帝在浙江游山玩水。几天后，乾隆帝又召见齐召南说："朕闻天台山的景色胜过杭州，你是天台县人，愿意为朕做向导吗？"齐召南回答："山皆峭壁悬崖，虎豹所居。臣虽生长于此，敬尊'孝子不登高、不临深'之义，从未登过此山。"乾隆帝听后不便发作，只得解嘲道："你真是个土人啊。"

乾隆帝第四次巡幸江浙时，想从杭州至湖州游乐，由大学士于敏中指使浙江巡抚出面邀请，另一浙江籍大学士嵇璜坚决反对未成。于敏中又让地方官以两浙乡绅名义，吁请乾隆帝前去临幸。嵇璜无法再次反对，就将己意转告绍兴知府赵某。绍兴为通往湖州必经之地，赵某暗中派人先在经过的河道中抛下木头石块。乾隆帝叫先行人员探测路线时，船只触石木未能通过，赵知府便借机奏报说疏浚河道要用大量时间，乾隆帝只好作罢。

乾隆帝晚年有感于南巡劳民伤财，写了一篇《南巡记》。他在这篇文章中说："朕临御天下数十年，并无失德之处。惟六次要去南巡。"福崧胆敢在浙江到处游玩，还说是效仿皇帝，简直是把乾隆帝的谕旨当做耳旁风。何况连皇帝没去的地方，他都玩个痛快，真是活到头了！

乾隆帝览过和珅改后的福崧供词，大发雷霆，下令中途将福崧赐死，即强迫自杀。据山东人说，福崧被押解到红花铺驿站时，押送官员收到了乾隆帝的谕旨，向福崧传达时，福崧对众人大声疾呼，表示决不自杀，一定要上北京讲清楚再死。山东巡抚吉庆亲自出面，假意为他打抱不平，然后请福崧喝酒。酒中事先已下好毒药，福崧喝完酒后，便一命呜呼。

乾隆六十年 (1795 年) 春天，全国各地举子云集北京，参加三年一度的科举会试。此次会试主考官，是都察院左都御史窦光鼐，副考官二人，皆资望较浅，因此一切事务，全由窦光鼐主持。举子们三场试毕，静待发榜。会试第一名称会元，其余均称贡士。四月十五日发榜，第一名王以铻，第二名王以衔，皆为浙江归安人，而且是同胞兄弟。士子们纷纷到浙江会馆，向王氏兄弟道喜。虽然举子们的会试名次只是起参考作用，还要经过皇帝主持的殿试，才能决定最后名次，然而兄弟二人同列会试前两名，也实在不易。

和珅听到王氏兄弟高中的消息后，立刻向乾隆帝揭发说，此事系主考官窦光鼐徇情舞弊所为，据他所知，王氏兄弟都是窦光鼐的门生。乾隆帝经过调查，知王以铻、王以衔二人确实是同胞兄弟，也觉得大有可疑之处，因此派和珅率大臣复试。在和珅的干预下，复试结果是：王以衔名列二等第四，王以铻列三等七十一名。复试大臣奏报乾隆帝说，王以铻中式之卷，第二道题为“参也鲁”，所作八股文中有“一日万几，一夜四事”等字，于先贤身份，尤为用词不妥。和珅提出窦光鼐考试舞弊有据，请求从严治罪。开下谕斥责窦光鼐说：“像王以铻这样的肤泛失当之卷，何以拔置第一名？而且所出的考试题，错误纰缪处甚多。该考官对于抡才大典漫不经心，殊非慎重衡文之道。窦光鼐人本迂腐，不晓事体，朕因为经常听说他擅长八股文，所以才派他做正考官，不料他糊涂至此，连文章高低都看不出来。三月初九日主考接受会试任命，召见窦光鼐时，他不但奏对不明，跪下谢恩时差点儿站不起来，这样年老昏聩之人，岂能再担任都察院左都御史这样的重任？副主考刘跃云、瑚图礼及推荐此卷的同考官等人，即按和珅等所请，交部严加议处。其余之人按照所拟罪名分别办理外，窦光鼐立即解除所任左都御史一职，听候处理。”

乾隆帝此旨一宣布，京城内外会试放榜后的喜庆气氛，顷刻间变得紧张无比。清政权入关后，为了拉拢汉族文人，标榜用人选才公正无私，对科举考试中的舞弊案件，惩治得特别严厉。凡是被揭露的受贿行为，一经查实，不仅主考官、副主考官和行贿之人要脑袋搬家，其余人员连同家属族人，统统要被流放充军边疆地区。满族人做官不全依靠科举，乡会试主考官多由汉族人担任，受惩治者多为汉族官员和知识分子，这也是清朝统治者在处理科举舞弊案件中能够秉公执法的重要背景。

清代科场案件中，受惩治最严重的，当属顺治十四年（1657 年）同时发生在顺天和江南地区的两次乡试舞弊案件。顺天乡试同考官李振邺、张我朴、蔡元禧、陆贻吉、项绍芳，举人田耜、邬作霖 7 人，因受贿和行贿，被处以死刑，家属财产籍没入官，7 家被流放东北的就有 108 人。主考官曹本荣、宋之绳尽管并没有受贿，也以失察下属被降五级职务。江南乡试主考官方猷、副主考官钱开宗斩首示众，妻子家产没收入官；同考官 18 人无一幸免，叶楚槐、周霖、张晋、刘延桂、田俊民、郝维训、商显仁、朱祥光、钱文灿、雷震声、李上林、朱建寅、王熙如、李大升、朱莒、王国桢、龚勋俱着即处绞，妻子家产籍没入官；已病逝的卢铸鼎，妻子家产也被籍没入官。

了解清朝对科场案件严厉打击的士人们，无人不为窦光鼐等人的命运忧虑。和珅在汉族文人心中的印象，本来是相当糟糕的，但这次他首先揭发窦光鼐以权谋私，在那些落第举人的眼中，不觉变得可爱了许

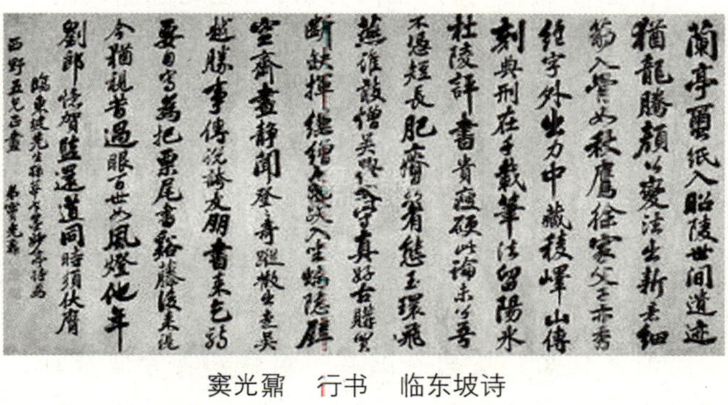

窦光鼐　行书　临东坡诗

多。唯有窦光鼐和王氏兄弟三人明白，是他们多年前告发贪官黄梅，断了和珅的一条受贿财路，今天才受到他的报复。

窦光鼐，山东诸城人，乾隆七年（1742年）进士，历官40余年，为人耿直，不肯趋炎附势，因而仕途坎坷。例如，他在中进士6年后，就做过会试同考官，然而几十年后，仍在浙江学政任上，由主持会试变成了乡试，即由进士考官降为举人考官。乾隆帝老是看他不顺眼，好在他为官从不贪污受贿，又在文人中享有“学行深纯，尤长于制艺”之名，因此就让他屡任各省学政，主持地方科举考试，为朝廷选拔人才。

乾隆五十一年（1786年）春，年过七旬的窦光鼐总算调任回京，由浙江学政升任吏部侍郎。正当他准备行装时，得知有人揭露浙江州县仓库亏空，乾隆帝拟派朝中大臣前来查办。窦光鼐对此事虽有耳闻，但苦于手中没有证据，故一直未能上疏奏报。如今既然皇帝要来调查，向来疾恶如仇的性格使他不顾后果，立刻上奏道：

> 臣闻嘉兴府属之嘉兴、海盐二县，温州府属之平阳县钱粮亏空数字，都不止白银十万两以上。应当查明到底是什么人造成亏空，分别定罪。去年浙江省杭州、嘉兴、湖州三府欠收，仓库内有谷可粜者无几。浙江东部八个府，年年打着采购粮食的名义，入库时惟有折收银两，以便填补亏空之用。

乾隆帝看到他的奏折，认为问题比想象的还要严重，下谕派刑部尚书曹文植、侍郎姜晟前往浙江，会同巡抚伊龄阿彻底清查亏空。窦光鼐现任浙江学政，熟悉地方情形，以吏部侍郎衔协助查办此案。窦光鼐受到协办此案的委任，深感责任重大，立即动员他在当地的各种关系，全力调查浙江各州县亏空。当年五月，他第二次上疏乾隆帝，大胆揭露浙江省的吏治腐败，疏中称：

> 浙江仙居、黄岩等七县，前任知县亏空数目，多在数万两以上，全都未能弥补，以致后任知县不敢接收上任。永嘉县知县席世维，从

> 地方秀才家中借粮食运入县中仓库，以应付查对；平阳县知县黄梅巧借弥补县里亏空名义，向百姓加征赋税，其母亲去世后照旧演戏，不顾人伦；仙居县知县徐延翰贪赃枉法，将临海县生员马实投入监狱活活打死；布政使盛住上年进京，随身携带大量金银，民间议论指为贿银；原任闽浙总督富勒浑巡查州县，各地方供应浩繁，门包或至千万。

从疏中可知，浙江省上自最高官员总督富勒浑、主管财政的布政使盛住，下至具体管理百姓的知县，几乎全部都是贪官污吏。尽管他说的是实情，却得罪了乾隆帝。在乾隆帝看来，州县官员贪赃枉法，实乃常有之事，但绝不会如窦光鼐疏中所称，全成了赃官。何况窦光鼐有所不知，布政使盛住本人便是乾隆帝的小舅子，总督富勒浑又是阿桂的族孙。由于以上关系，乾隆帝想把大事化小，便派大学士阿桂直接办理此案。

作为贪官总后台的和珅，虽然清楚乾隆帝的想法，但还是担心阿桂不徇私情，把事情弄得不好收拾。在和珅的争取下，乾隆帝任命他的胞弟原任工部郎中和琳，接任盛住兼署的杭州织造职务，这样和琳在杭州可以直接得到有关情报，以利于案情朝和珅希望的方向发展。

阿桂到杭州后，由于和琳等人做了手脚，又不能不顾及各种关系，因此案情并无进展。阿桂不作任何调查，先询问窦光鼐永嘉、平阳二县勒派之事有何证人？窦光鼐见此，只得口称记不住证人姓名。阿桂又叫窦光鼐举出盛住携带金银和富勒浑收受门包的证人，窦光鼐当然也不敢出卖举报人。而盛住则对阿桂说，他进京时确实带了三万九千多两银子，这都是内务府出卖人参的价银，他顺便将其带回，并且如数交纳给了内务府广储司。盛住明明是在撒谎，近四万两白银对任何人来说，都是一个沉重的负担，他不会也没必要一路上承担这个风险。再说清朝内务府是专门为皇帝服务的机构，有谁敢去查皇帝的账目。盛住强调是内务府的人参，等于提醒阿桂别忘了他的皇亲身份。

阿桂是聪明人，况且他放过皇帝的小舅子盛住，乾隆帝也不会为难他的族孙富勒浑。阿桂放弃其他方面的调查，仅据盛住一面之词奏报乾隆帝，称盛住携银均为官物，于此案本属无过。乾隆帝便下令盛住官复原职，仍旧做杭州织造，令和琳随同查办案件。

不久，阿桂又报告乾隆帝：窦光鼐所称永嘉、平阳二县勒派，经查纯属无中生有；黄梅母死演戏一事，系黄梅为母亲庆祝九十大寿，其母在当天夜里，因痰淤突然死亡。照此推论，窦光鼐是一个造谣生事、诬陷他人的无耻之徒。乾隆帝也这样认为，他下谕批评说："该学政不顾污人名节，以无根之谈，冒昧陈奏，实属荒唐！"他还让窦光鼐仔细考虑这样做的严重后果是什么。

窦光鼐虽为人耿直，但毕竟也身居官场数十年，长期的宦海浮沉，使他深知处境险恶。事情摆在这里，皇帝的小舅子盛住碰不得，阿桂的族孙富勒浑也扳不倒，但如果再整不住知县一级的小贪官，他窦光鼐的下场可想而知。现在不用为国家分忧，不必为百姓鸣不平，为了他自己的身家性命，必须拿出贪官的证据出来。他认定平阳知县黄梅劣绩昭彰，抓住不放，第三次上疏提出：黄梅母丧期间演戏，证据确凿，系全县生童所言，平阳县的亏空，也是从黄梅开始。窦光鼐为了查明实情，不顾即将要举行的童生考试，亲自赴千里之外的平阳访查证据。

据浙江巡抚伊龄阿报告乾隆帝说，窦光鼐到了平阳县，将全县生员、监生召集到县学明伦堂上，让他们提供黄梅贪污的证据。起初众人答以不知，窦光鼐咆哮发怒，用言恐吓，锁拿县上书役，用刑逼供。在这种情况下，才有人揭发黄梅，窦光鼐立即让他们签名画押，自己扬扬得意。乾隆帝得报，以擅离职守，下令将他革职。

伊龄阿接到此谕，又参劾窦光鼐在平阳城隍庙事先预备大量刑具，召集生监平民，千百为群，一概命坐，要他们举报黄梅。用这种逼供的方式得到证据后，窦光鼐携带生监多人作为人证，昼夜兼行赶回省城，途中随行水手堕河淹死。窦光鼐还对随行人声称，他宁可不做官不要命，也要将黄梅绳之以法。

窦光鼐惩治贪官的行动，却被乾隆帝误认为是精神失常，鬼迷心窍。他第二次下谕给巡抚伊龄阿，让他速将窦光鼐逮捕，押解北京交刑部治罪。窦光鼐抵达杭州时，头一道他被革职的谕旨已经到达，巡抚伊龄阿暗中派人守卫学政衙署，以便监视其动向。学政窦大人被革职的消息，传遍了全城。

就在乾隆帝逮捕窦光鼐的谕旨尚未到来之际，事情有了出人意料的转机。

窦光鼐回到杭州，闷坐在官署中。忽然门人报告说，有归安生员王以衔、王以铻两兄弟，前来看望老师。窦光鼐觉得这是人之常情，让门人请二人进来。两人见到窦光鼐，请求进里间屋说话。但进入里面后，他们两人也没说什么，只是送上棉袄一件，称报老师识拔之恩，留下此衣做路上御寒之用，随后离去。

时下正值早秋，浙江的气候还十分炎热。窦光鼐立刻明白，连忙拆开棉袄一看，里面全是黄梅按亩勒捐的物证，田单、印票、图书、收帖两千余张。

这下子窦光鼐真的要发狂了！

窦光鼐虽然亲自赴平阳县查找证据，但由于和琳等人的安排，上自巡抚下至府县，早已预为布置，故对于黄梅赃款虽略得佐征，仍未获其确实凭据。但是谁也料想不到，王以衔、王以铻二人以邻县生员的身份，偷偷地收集到黄梅的大量证据。于是窦光鼐第四次上奏曰：

臣窦某亲赴平阳县，绅士民人呈送(乾隆)五十年派捐田单二百余张，供称知县黄梅以弥补亏空为名，计亩捐钱，每田一亩捐大钱五十文，户给官印田单一张，与征收钱粮无异。又呈送供票九张，共计大钱二千一百千文。四十四年、四十七年两次勒捐富户，自一百余千至三十、五十千不等。

窦光鼐在奏疏中还说，知县黄梅每次采买粮食入仓，从不给百姓价银，巧立“飞头、印票、谷领、收帖”各种名目。黄梅在任8年，仅侵吞的粮价与勒捐赃银，就不下二十余万两。朝廷赏赐老年人与廪生应得的廪饩（即助学金），8年来从未给过。至于黄梅母亲丧事期间演戏，主要是为了延长奏报“丁忧”（指父母之丧）的时间，以便处理赃款，掩饰罪证。在奏疏之外，窦光鼐将田单、印票、图书、收帖，各拣一张呈递，作为物证。

他的奏折刚刚派人送出后，巡抚伊龄阿就收到乾隆帝的第二道谕旨。伊龄阿马上遵照执行，派人到学政署锁拿窦光鼐，押往京城。

乾隆帝并不是昏君，他接到窦光鼐附有物证的奏疏，当即改变了对此案的看法。用乾隆帝的话说，“凡事都可能有假，而官印与私记不可能有假，即使有假，也绝不能造假至二千余张之多，况且字帖俱有业户花名排号，确凿可据”。因而他命令阿桂返回浙江省城，途中见到窦光鼐，将其释放并一同回杭州审理此案。乾隆帝还告诫阿桂，此案就审理黄梅本人，不必牵连他人。

阿桂根据乾隆帝的旨意，返回杭州城，很快查明黄梅勒借民钱，匿丧演戏，侵用田单、公费等属实。乾隆帝除将黄梅斩首外，对办理案件失实的阿桂、曹文植、姜晟、伊龄阿四人分别给予处分。窦光鼐本应升官，但黄梅被杀使和珅断了一条受贿财路，得罪了和珅，因此窦光鼐回京后署理光禄寺卿，等于是降级使用。

后来窦光鼐小心翼翼，靠资历总算当上了左都御史，但和珅不想放过他。本次会试，二王兄弟名列前两名，是两人确有真才实学，纯系偶然因素。窦光鼐身居官场五十余年，这一点避讳还是知道的。但和珅则认为，他终于找到了报复的机会。

然而吉人自有天相!

八天之后，王以衔顶着巨大的压力，参加了由乾隆帝亲自主持的殿试。按照科举制度规定，殿试为天子策士，故主考官称“读卷大臣”，他们将前十名卷子进呈，由乾隆帝决定前三名，即状元、榜眼、探花。名次确定之后，才开封看答卷者的姓名，以示科举考试至大至公，连皇帝也不例外。结果乾隆帝定的第一名是王以衔，和珅与诸大臣瞠目结舌，因为前十名的卷子是他们选中的，只好如实奏报：“此次阅卷诸臣，皆秉公认真，毫无私弊，如有失当的话，不妨易置。”乾隆帝回答说："照此看来，前次王氏兄弟联名高中，或许是出于偶然。科第功名高下，是命中注定之事，非常人意志所能左右，根本没有必要改变名次。况且既然已经拆开密封试卷，若再重定名次，岂非怀疑皇上吗?"

殿试发榜日，北京城内舆论普遍认为，本科会试主考窦光鼐取士公正无私。二王兄弟文才卓著，一为会元，一为状元，可谓珠联璧合，遂传为佳话。

窦光鼐可没有这样好的运气，尽管事实已充分证明，他并没有任何舞弊行为，但乾隆帝还是被和珅说服，以窦光鼐年迈为由，给予四品衔的待遇退休归乡。不到半年，一生正直的窦光鼐便死于山东老家。

揣摩圣意，投其所好

要知道与和珅同朝为官的大臣中，很多都是出类拔萃的人才，大学士阿桂身经百战，威风八面；而名满天下的刘墉更是出身名门，才高八斗；更不用说才华出众、满腹经纶、深得乾隆喜爱的纪晓岚了。和珅的才学虽足以立身，但跟这些大臣们一比高下，似乎还差了一截，要想胜过他们，他必须要独辟蹊径。

所以，和珅在乾隆面前，从不摆大臣的架子，总是以"奴才"自称。在生活细节上，更是对乾隆关怀备至，乾隆身体不适，和珅总能一望即知，立刻恭身上前，亲自为他捶腰。史书上记载："皇帝若有咳唾之时，和珅以溺器进之。"就是说皇帝如果要吐口唾沫，和珅也会立刻捧着痰盂等候。他还常常给乾隆讲一些世俗的俚语笑话，把市井之中庸俗不堪的故事讲给乾隆听，逗得乾隆开怀大笑，这些岂是一般的军机大臣能够做到的。

封建王朝的帝王，尽管位极人君，贵为天子，毕竟也是有情有欲的血肉之躯，也有作为普通人的情感的需要，但特殊的身份限制了他的这一需要，使他永远体验不到三五好友共望夕阳，把酒话桑麻的温馨。纵然后宫三千佳丽，妃嫔如云，也没有平凡人家的夫妻之情。紧紧围绕在皇帝宝座四周的是深深的孤独。此刻的乾隆已经是六十多岁的老人了，当年鼎盛时期的老臣，一个个落叶凋零，相继故去，朝廷中大多是新近擢升的官员，而乾隆的诸位皇子也是良莠不齐，亲情不再，再加上孝贤皇后又先他故去，正感无比的孤独，和珅的出现无疑填补了乾隆皇帝情感上的空缺。自此，乾隆几乎在生活中时时处处离不开和珅，和珅也凭借着乾隆的宠信为所欲为。他是天子的弄臣，他可以在天子面前奴颜婢膝，人格尽失，可是，其他人谁又敢不拜倒在他的脚下。《清史稿》中这样描述得宠的和珅："不附己者，伺隙激上怒陷之，纳贿者则为周旋，加以开脱或者是故意的拖延其事，等到皇帝怒气已过，才若无其事地提出来，以求不了了之。"

整个朝廷渐渐笼罩在和珅的淫威之下。和珅就是靠着在皇帝面前心甘情愿地放弃自己做人的尊严，才换取了他自以为得意的大臣们的依附。这一点，连乾隆朝时来使的英国副使斯当东也看在了眼里，他记述道："和珅总是随着皇帝御驾后面，当皇帝停下轿子差人走过沟来向特使（马戛尔尼）慰问的时候，几个官员跳过沟去到和中堂轿前下跪致敬。值得注意的是，除了和中堂之外，没有其他大臣和皇帝亲人及侍从跟随着皇帝陛下，足见和中堂地位之特殊。"

在清人笔记中，还有一则和珅如何猜中皇帝为顺天乡试所命考题的事情。

按照惯例，顺天乡试《四书》考题，例由皇帝钦命，由内阁先期呈进《四书》一部，命题完毕，书归内阁。这次皇帝命题后，太监捧着《四书》送还到内阁，正巧遇和珅在值房。和珅便向太监问起皇帝命题的情景。太监不敢不言，便声称，乾隆手批《论语》第一本，将尽批完时，始欣然微笑，振笔直书。和珅沉思半晌，遂猜中为“乞醯”一章，因为乞醯二字中嵌着“乙酉”二字在内，而科乡试恰在乾隆乙酉年举行，于是，以所测试题通报他的门生，门生果然个个考中。

以和珅的聪敏，猜中皇帝的考试命题，不足为奇。只是乾隆乙酉年，当在乾隆三十年（1765年），此时的和珅尚未被皇帝见用，还是个微不足道的小生员。因而，时间的差误，影响到事实本身的可信度。

然而，和珅具备揣摩皇帝意图的这一奇才，却是不容置疑的。

和珅擅长揣摩帝意，迎合君旨，玩弄权术，在乾隆四十六年（1781年）增补兵额问题上，表现得非常清楚。康熙在位时，各省提督、总兵等将官即有空名坐粮，即吃空饷的事情，但不为常制。雍正八年（1730年）以文官有养廉银，遂正式规定武官养廉吃空饷的（称为名粮）数额，提督亲丁名粮80分，总兵60分，副将30分，参将20分，均马、步各半。游击15分，都司10分，守备8分，把总4分。此各级武官应得的虚粮。乾隆四十六年（1781年），乾隆欲将此虚粮及红白赏恤银两俱由部拨，然后再将空额补为实额，达到增兵不减饷的目的。当时统计增兵部分，需增加开支每年300万两。乾隆询问阿桂有何意见。尚在河南督办河工的大学士阿桂复奏：“国家经费，骤加不觉其多，岁支则难以为继。此项经费岁增三百万，统计二十余年即须用七千万两”，请不添补腹地省份之兵。乾隆不听其言，于四十六年（1781年）九月二十八日下谕，坚持增兵，并命大学士、九卿、科道详悉议奏。

和珅深知乾隆必行此法，故极力赞成。大学士、九卿、科道于十月复奏：“现在统计部库每年出入大数，约余银九百万两有零，户部经理一切裕如，所有各省挑补名粮，议给养廉，请遵照前旨，不论腹地边陲，一律办理。”乾隆于十月二十一日降旨批准此议。随即添补满汉兵士65143名，每岁增支军费银300万两。

在办理一些重大案件的过程中，和珅也颇能捕捉皇帝的意图。相比起来，那些直臣就不那么讨皇帝喜欢。如阿桂在处理李天培案件中的做法与和珅处理李侍尧案件的做法，就形成了鲜明的对照。

阿桂在审理湖北按察使李天培一案过程中，也想从维护皇帝重臣的角度了结此案，但却引起了乾隆的不满而受到了处罚，远没有和珅在案中做得那么甚合帝意。

乾隆五十四年（1789年），发生了湖北按察使李天培因私令漕运船帮携带桅木致漕运迟滞的案件。阿桂作为钦差大臣前往审理此案。但阿桂在办案的过程中，发现李天培所私带的桅木，主要受福康安之托，系为福康安代购，因此便“欲了结，消弥此事”。

从阿桂的角度来看，他这样做或许有几点考虑：一个是，此案为巡漕御史和琳举发，和琳是和珅之弟，而福康安又与和珅素不相和。阿桂因憎恨和珅，以为此案乃和珅有意倾陷福康安，欲从中保全周旋；另一个是出自对全局的考虑。其时，福康安不仅在平定台湾上克成大功，而且正以两广总督的身份在前线与安南交战，福康安是朝廷中难得的一员武将，不当以小过罚之。此外，或许还因为福康安是乾隆所偏爱的大臣，怕处罚他得罪皇帝。

不管阿桂出于哪种考虑，他欲包庇福康安的做法，都引起了乾隆的不满。乾隆颁旨谴责阿桂说：“阿桂以受恩深重，具有天良，不肯蹈欺隐之愆，自应于荆州初闻时即行具奏，乃直至途次接奉屡次严旨，复见毕沅报过”，“是阿桂不知朕向来办事一秉大公，从无偏向。即欲加恩治罪，权衡出自朕裁。岂因福康安为傅恒之子，又著有劳绩，遂置之不问乎？若此事系福康安所为，而阿桂等欲代遮掩，朕亦从而不问，则亲信大臣通同一气，即如阿桂、和珅更何事不可为耶?”在处理此案时，和珅是副手，他的责任自然是小得多了。因此虽然一同受到乾隆的责备，但和珅心中有数，他的前面有挡箭牌。

同样是办案，和珅在办理李侍尧贪赃案时，就办得深合皇帝心意。乾隆四十五年（1780年）正月，31岁的和珅受命远赴云南，查办云贵总督李侍尧贪赃案。一到云南，他首先拘审李侍尧的管家，取得实据，迫使精明干练的李侍尧低头认罪。前后仅两个月，即已定案，出手不凡。

善解人意则自会阿谀逢迎。如在对乾隆的文才方面，和珅则盛赞乾隆才思敏捷，出口成章，他曾肉麻地吹捧道：“皇上几余吟咏，分章叠韵，精义纷论，立成顷刻，真如万斛泉源，随地涌出。昔人击钵催诗，夸为神速，何曾有咏十余，韵至十叠者!”这一番恭维，让皇帝好不开心。

朝鲜使臣以其在中国的耳闻目睹，向其国王介绍说，和珅“为人狡黠，善于逢迎”,以故“不次升擢，宠幸无比”。

在官修史书中，很难找到和珅如何逢迎乾隆的记载，但却无处不流露出乾隆对和珅的深深称许。

和珅知道乾隆平生性喜铺张，所以，他多次巧妙安排乾隆巡幸江南，所到之处极尽奢华之能事，他还力主为乾隆扩建宫室，修造园林，多方筹集钱财扩建圆明园和承德避暑山庄。哪怕是圆明园已经成为一片废墟的今天，漫步其中仍然不难想见当日的奢侈与豪华。为了更好地满足乾隆的各种铺张的需要，和珅设计出了多项广开财源的措施，收得的银两绝大部分供乾隆一人挥霍，减轻了国库的负担。乾隆还是一位“风雅”的君主，他性喜收藏古董，见了稀有的画册、墨迹，比多少金银都能令他高兴。和珅为此利用各种机会四处搜罗，将各地的官员、富商进献给他的珍稀古玩，挑拣出好的进贡给乾隆。天长日久，各地欲向和珅行贿的官员也都知道和珅喜好古董，多拿先人的遗珍来进献了。史书中记载，乾隆四十五年（1780年），“京城内有佛铺子，互相买卖，朝臣用此作为贡献，皇帝亦以赏赐贵臣，千秋节晨朝，有进贡覆黄帕架子，盛以金佛一座，长可数尺许，舁入阙中，闻户部尚书和珅所献”。

和珅对乾隆的了解，在乾隆临终之际的一件事中，最为鲜明地体现出来。乾隆末年，嘉庆初年，襄阳地区以齐林、王聪儿为首掀起了声势浩大的白莲教起义，起义军气势浩大，极大地震动了清朝统治者的统治，令已经禅位归政的乾隆整日寝食难安，耿耿于怀，即使到了弥留之际，也念念不忘。

不少清人笔记中记载着这样一件事：乾隆禅位之后，有一天单独召见和珅，等到和珅进入后宫，发现乾隆面南而坐，而当时已登基称帝的嘉庆，则只坐在乾隆身边的一个小凳上，和珅跪在地上，过了很久也不见乾隆说话，乾隆闭着眼睛好像睡着了一样，只是口中念念有词，好像在说什么，嘉庆侧起耳朵，努力想听清楚，却终究无济于事，不明所以，过了一会儿，乾隆忽然睁开眼睛大喝道："那人叫什么名字?"跪在地下的和珅不假思索立刻回答道："徐天德，苟文明。"乾隆不再言语，继续闭起眼睛默默念诵着什么，大约一个时辰后打发和珅出来，其间没有同和珅说一句话。嘉庆大为惊愕。过了几天，秘密地传见和珅，问他说：上一次，父皇召你进宫，他说的是些什么，而你回答的那六个字又是什么意思。和珅应该是颇有些得意地说：太上皇背诵的是西域流传的一种秘密咒语，默诵这种咒语，被诅咒的人虽然远在几千里之外的地方，也会突然死去，所以，当时太上皇问及的时候，我用白莲教匪首徐天德和苟文明的名字来应对。嘉庆听说了，更加惊愕，知道和珅一定也擅长这种妖术，所以等到乾隆驾崩之后，没几天就诛杀了和珅，以免他动用妖术，诅咒自己。

这虽是野史，有夸张成分，但由这件事，可以窥见和珅对乾隆已经到了心思一动，无所不知的程度。乾隆口中默然无声地念诵咒语他都听得出来，而且会立刻联想到乾隆所为何事，连坐在一旁的乾隆的儿子嘉庆帝都是丈二金刚摸不着头脑，和珅对乾隆了解到此，乾隆又怎么能不引他为左膀右臂呢?

在人与人的交往中，许多人常常互相奉承，说一些违心的话。因此说真话才显得更为可贵，君臣之间也是如此。如果做臣子的每天同君主说真话，会惹得君主的恼怒，失去君主的宠爱，甚至会引来杀身之祸；可是做大臣的天天同君主说假话，溜须拍马，阿谀奉承，甚至不顾事实，乱加吹捧，也会引起君主的不悦甚至猜疑，最终也会失去君主的信任。

和珅正是在二者之间取得了平衡，他最善于说皇帝喜欢听、愿意听并且相信的真话。

乾隆执政60年创下了非凡的业绩，可谓一代明君，虽然他也有好大喜功，爱受人吹捧等毛病，但绝不是历史上那些昏暗无能的君主可比的，一眼就可以看出的虚妄不实的谀词，在乾隆那里不但占不到便宜，还很有可能会换来一顿斥责。和珅深明此理，所以，他在乾隆面前评古论今，纵横春秋的时候，多是力求讲真话，让乾隆觉得满朝文武中和珅可算是一个勇于直言的骨鲠之士。当然，和珅讲的真话只限于乾隆爱听的范围之内。

乾隆对自己一生的所作所为甚为满意，认为自己执政久，成就大，影响深；而且身历四朝，眼通六代，亲见曾玄；在他执政期间，多次平定了西南、西北和东南等地少数民族的起义，加在一起就成了他始终挂在嘴边的“十全武功”。他还曾经六次下江南巡视，为确保中央政权对江南的控制，保证江南作为国家经济中心的发展起到了重要作用。另外，他自认自己的文采也绝不输于历史上的任何一位帝王，他平生性喜吟诗作赋，撰文著述。他的诗作流传下来的有四万余首，可称历代之最；在他的主持下，朝廷还编纂了巨型的丛书《四库全书》，更可谓前无古人的功业。在年逾古稀之际，乾隆曾说过，自尧、舜、禹三代以下，年纪超过古稀之年的皇帝，一共只有六个人。然而，说到国家的强盛，领土的广大，四方的邻国纷纷前来臣服，天下的百姓都能够安居乐业，虽然现在还不能说是尽善尽美了，但总可以称得上是小康之世了。而且，以前历朝历代亡国的原因，诸如，国家中有独立存在的强大藩国，外有蠢蠢欲动的强敌，朝中有僭越掌权的大臣，还有诸如外戚掌权、女优祸国、宦官专政、奸臣当道等原因，现在一件都没有。即使那六位年界古稀的皇帝中，元世祖和明太祖都是开国创业的君主，他们治下的礼、乐、政、刑都有不够完善的地方，其他的就更不用提了。相比较而言，自古以来真的是没有如今日一样的太平盛世啊！言外之意，乾隆自己是前无古人的千古第一明君。

和珅对乾隆的喜好了如指掌，知道他喜欢与自己的祖父康熙帝、父亲雍正帝相比，就常在他面前言语中肯地比较他们祖孙三代做皇帝的功绩，讨得乾隆欢心。

和珅在乾隆面前评述康熙的文韬武略的时候，往往讲述完上面的业绩，会特意地拿出乾隆的文采来与乃祖相比。不可否认，康熙处于清朝开国不久，刚刚入主中原，不失满洲贵族的骁勇强悍，却略输文采，尤其在吟诗作赋上，是不能同乾隆相比的。这样一来，乾隆不禁觉得自己在武功上毫不输于乃祖，而文采自然略胜一筹，心理上得到了极大的满足。

细加推敲，康熙一朝的政策偏向于“宽仁”，而雍正则稍嫌“严明”，因此，到了乾隆推行的政策强调“中道”而行，他曾经说：“治道贵乎得中，矫枉不可过正，皇祖时臣下多有宽纵之弊，皇考时臣下多有严刻之弊。朕恶刻薄之有害于民生，亦恶纵弛之有碍于国事，中道为最上，过犹不及。”和珅常常能抓住问题的核心，轻而易举地博得乾隆欢心，以至乾隆对他的恩宠也与日俱增。

和珅为官，终生自称奴才，并非他身上只有奴性，而是他认识到要想被别人喜爱，更重要的是关怀对方而非引起对方的注意。

为了讨好和亲近乾隆，除了直接在乾隆面前献媚以外，和珅还尽力地关爱乾隆的母亲——皇太后，因为乾隆毕生对母亲都极为孝顺。那时的封建君主为了能以儒家的仁、义、忠、孝等美德教化普通黎民百姓，总是以身作则，为世人做出榜样，如，每年春季来临时，皇帝都会到某个祭祀的地方“亲自”躬耕，象征性地举起鞭子赶着牛车耕地，并播撒下几粒种子。这种象征性的行为充分表明了皇帝对耕作的重视和督促天下百姓效法自己之心。

不管实际情形如何，大部分帝王都会在世人面前表现出一副慈父孝子的样子，从而给天下百姓一个榜样。但乾隆对自己母亲的孝敬并不是表面工夫，他真正孝顺自己的母亲，乾隆写过很多描绘母子之间共享天伦之乐情景的诗，这些诗迄今我们仍能在他的诗集中找到。

现摘录一首题为《新正重华宫待皇太后》的诗如下：

凤辇临龙阁，新年第一祥。
彤庭增喜气，绿野遍春光。
欣答初韶令，钦称万寿觞。
围械兰百合，胜帖燕双翔。
浮服孙曾绕，遐龄日月长。

宫中行乐养，欲以在群方。

这首诗描绘的是新春佳节之时，乾隆与母亲和子孙们欢庆一堂，诗中的“遐龄日月长”的句子是在祝福母亲健康长寿。每年五月，端午节来临，石榴花盛开之时，乾隆都会陪太后去圆明园观赏龙舟。

乾隆早年十分英明，但晚年却逐渐糊涂起来，喜欢追求泱泱大国的皇家气派和豪华场面，日渐奢靡挥霍，但同时又想在人前表现得严谨勤俭、爱民如子；而为了讨好乾隆，和珅替他筹划出许多敛财的办法，并心甘情愿地替乾隆背上奢侈的“黑锅”，如此，两人之间就形成了默契——乾隆在朝堂上下令要节俭，不要浪费，和珅则在下面怂恿督促各地官员和富商们加紧捐贡。在和珅千方百计的筹划主持下，内务府只一年就扭亏为盈，国库日渐充盈。在和珅所筹策的各种敛财方法中，最重要的就是“议罪银”制度，即犯有过失的官员，可通过纳银的方法赎罪，从而免受处罚，而官员们缴纳来的巨额银两归入国库的只有百分之十五，剩下的都专供乾隆个人挥霍。如此一来，乾隆就等于有了一座小金库，对这他当然感到很高兴，而作为筹措者的和珅，自然也就少不了会得到加官晋爵的奖励了。

既然府库充盈，乾隆也就不愿再老在枯燥乏味的皇宫中待着，他决定南巡。

自南宋以来，江南就是整个中国的粮仓和国家的命脉所在，“苏杭熟，天下足”这句民谣老幼皆知。再加上中国人口众多，因此家业生产的好坏直接决定了国家的安危，那时江南一带连年发生水患，乾隆也想趁机审视各地的河道，敦促各地官员加强水利建设，以解除水患，发展农业。

但乾隆并未公开向人道出自己的这番想法，许多人不明白这一层，都反对乾隆南巡，而和珅却对这一点了然于胸，并总是力排众议，劝乾隆南巡。乾隆因此很是欣赏和珅，总是把南巡的事全都交给和珅办理，并让他随驾南巡。

和珅明白乾隆极想出去走走，看看，亲自察看一下自己统治下黎民百姓的生活到底如何，但又怕被人认为是贪图享乐，挥霍无度，因此虽然很想南巡，但又犹豫不决。针对乾隆的这一心理，和珅便想出了一个主意，他向乾隆担保说，江南各地物产丰饶，官员和富商们久沐圣恩，早就想报答乾隆，倘若南巡，江南的官员和富商们情愿负担所有费用，而无须动用国库。如此一来，人们就不能说乾隆是在贪图享乐了。乾隆听后大喜，这当中的奥秘他也明白，只是和珅这样为他想，他当然感动，当即做出了由和珅全权安排南巡事宜的决定。

接受这一任务后，和珅便通知江南各地，说皇上要巡视江南，各地官商要悉心准备，并鼓励商人捐献钱物，以作为皇上南巡之需。尽管公文中的措辞并无强求之意，但皇上南巡，又是和珅的主意，官员们谁敢拿自己的顶戴开玩笑，又有谁不想趁这一机会讨好乾隆，从而谋得升迁，于是均不敢怠慢，一个个不惜工本大兴土木，唯恐不能让乾隆满意。而这当中花费的费用他们当然不会自掏腰包，弄到最后，这些开支是转嫁到了百姓头上。百姓们被迫出钱出工疏通运河，修葺龙舟，建造行宫，将江南修饰得美轮美奂，修饰好后，官员们当然满意了，而至于这当中又有多少哀叹，就没人管了。

不久，乾隆就到了扬州。扬州自古就是繁华之地，古人云“淮左名都，竹西佳处”，扬州自古繁华，“天下三分明月夜，二分无赖是扬州”，“腰缠十万贯，骑鹤下扬州”，均是明证。乾隆数次南巡，每次都会在扬州驻留一段时间，扬州的慧因寺、倚虹园、致佳楼、怡情堂、法净寺等名胜，都有乾隆御笔亲题的匾额。明白乾隆对扬州的特殊喜爱之后，和珅对扬州自然就又多费了一番心思，他亲自命扬州的官员布置，大兴土木，修建了无数楼台亭阁，扬州变得更加繁华。而当乾隆驾临扬州后，他又命人在扬州城中的各个大街小巷全都铺上了锦毡，悬满丝绸，这样，乾隆一路经行，繁花满目，美不胜收。乾隆驻跸的高曼寺行宫，处处修葺一新，内中还新开凿了两个人工湖，湖中还砌有假山，使得这个行宫成了一座具有典型的江南风格的园林建筑。而更让乾隆满意的是整个修葺建造的费用，都是由两淮的盐商们“自愿”捐赠的，内务府全都不费分毫。如此一来，乾隆对和珅的能干又怎能不满意呢？

而和珅这样做，他自己也不是没好处的，盐商们贡献出的银两，有相当一部分流入了他自己的腰包。但对这些，乾隆当然是不知情了，他只知道，和珅十分能干，能够在不动用国库的情况下，满足自己奢华享用的需要，前后修建了圆明园及多处宫殿，源源不断地提供了大量的金银财宝，供自己挥霍，因此，对和珅，乾隆十分满意。据史料记载："在乾隆末期，白莲教大起义嗣固军需，销算伊是熟手，是以下谕令兼理户部题奏报销事件，伊竟将户部事务一人把持，变更成例，不许部臣参议一字。"从这些记载中，我们可以看出，在财政方面，乾隆信任和珅到何种地步。

乾隆五十五年（1790年），乾隆年满八十，人生七十古来稀，更何况八十大寿呢，当然要大加庆祝一番，而这一庆典的负责人当然就由和珅来担任了。当时朝鲜使者的记述说："皇帝虽令节省，而群下奉行，务极侈大，内外宫殿，大小仪物，无不新办，自燕京到圆明园外，楼台饰以金珠翡翠，假山亦设寺院人物，动其机括，则门窗开阖，人物活动，营办之资无虑屡万，而一毫不费官需，外而列省三品以上大员，俱有进献，内而各部院堂悉捐米俸，又以两淮盐院所纳四百万金助之，方自南京营造，及其输致云。"尽管乾隆明令节俭，但和珅仍加紧敦促各地官员捐贡进献，他这样做是有原因的，因为他很明了乾隆的心理，这样做，一方面可以让人觉得乾隆清明仁政，另一方面又可以使其之虚荣奢侈的心理获得满足，你说，乾隆又怎能不引和珅为知己呢？

和珅之所以使乾隆对他言听计从，百依百顺，还在于他能为乾隆着想，抓住时机替乾隆换取好名声，替他立"德"。这对于把自己的名声看得比什么都重的乾隆来说，无异于一剂最贴心的良方。

乾隆六十年（1795年），乾隆皇帝已有85岁高龄，按照他年轻时许下的诺言，他准备在这一年把皇位传给皇十五子永琰。乾隆皇帝在九月初三日发布上谕，在冗长的谕文中，乾隆回顾了他做皇帝以来的成绩，说明了之所以要禅位的来龙去脉，也表示出他当太上皇后，实权依旧掌握在自己手中的愿望。

上谕发布之后，举国上下开始准备第二年元旦（正月初一）的禅位归政大典。因为禅让的典礼无据可依，如何办得隆重、庄严并显示出乾隆帝的仁君风范，着实让和珅伤透了脑筋。一直到了大年三十才把大典的礼仪制定好，交与乾隆帝圣裁。其中，最让乾隆满意的是和珅提议的“千叟宴”。所谓“千叟宴”就是要召集官员、缙绅中70岁以上的高寿老翁在皇宫中举行酒宴，与皇帝同乐。中国古人就有“仁者寿”的话，试想一下，近千名白发垂髫的老者济济一堂，同庆同乐，既可以看出乾隆归政禅位、年高德劭，又可以表明在乾隆帝统治的六十年中，四海升平，百姓都得以长寿。为了能筹划好这次千叟宴，和珅真是操碎了心。正月时节，北京城正是一年中最寒冷的时候，到时候偌大的一个宫殿中，空空荡荡如何取暖，无疑是一个大问题。和珅别出心裁，调来了1550多只火锅，举行火锅宴，这一设想实在妙不可言，不但可以保证殿内的温度，而且火锅里燃烧的煤炭、沸腾的浓汤都会更好地烘托出喜庆气氛。

正月初四，千叟宴按照和珅的安排在宁寿宫皇极殿如期举行，声势浩大，果然不同凡响，单凭这一壮观的景象，和珅的名字足以载入史册。和珅的这一安排为他赢得了天下盛誉，令乾隆大为满意。

小心翼翼，自保有术

但是，在深得乾隆宠信的同时，和珅也时刻谨记“伴君如伴虎”的古训，一念之差就可能铸成大错，更何况世事无常，谁又能料定，即使深得乾隆宠信的自己，也需小心谨慎，以免落个什么差错，致使阴沟里翻船，于是每当遇到有什么对自己不利的事时，他总会提前给乾隆来一针“麻醉剂”，使之不知不觉中就站在他的一边，这样，许多棘手的问题就都被和珅成功地应付过去了。

每当乾隆想斥责和珅时，和珅都会找出不同的理由为自己开脱。

比如，有一次乾隆派和珅到甘肃去调查当地捐监的实际情况，到了甘肃后，和珅整日花天酒地，收受了当地官员送来的无数奇珍异宝，因此也就对当地官员虚假上报、行为不轨的举动睁一只眼闭一只眼了。整个调查过程，他根本就没有展开调查，就写了一份奏章，把甘肃的官员们褒奖了一番，乾隆看后信以为真，就没有再调查了。直到苏四十三起义在甘肃爆发，乾隆派阿桂前去镇压，阿桂才将捐监的实情禀报了乾隆，乾隆知道实情后，当面向和珅质问。和珅尽管心下惊恐，但仍反应极快，马上就对乾隆说：“奴才到达甘肃后，确实细核过府库账目，但并未发现什么不实之处，现在想来，定是奴才无能，受了蒙蔽，奴才察看的那些粮仓可能不是真正的捐监的粮仓。”乾隆不信，追问他有无收取贿赂。和珅做出一副十分惶恐的样子说：“勒乐谨送给奴才四颗宝石，这奴才确实收下了，因为这四颗宝石实在是夺目非常，奴才想，若是给公主戴上，必定会很漂亮，所以奴才就收下，这些宝石现在已经在公主那里了。现在回想，当时奴才是有些自以为是，给甘陕的官员稍一吹捧，就昏了头，那些账本和仓库必定是他们假做的。恳请皇上治奴才不察之罪。”说完，和珅就跪倒在地上，请求乾隆处罚他。

乾隆见他这样，自己倒不忍心了，和珅的话也有道理，定是那些地方官奸猾狡诈，见他年轻气盛，又是初次办案，没有经验，因此捉弄他，他因之而受蒙蔽，这也是有可能的，既是无心之过，就也不能全都怪他了。就这样，一桩大案三言两语就被和珅把责任推卸过去了。

从这个例子，我们可以看出，和珅的厉害之处就在于先下手为强，抢在乾隆正式发难之前，先造成一种与己无关的假象，要么别人举报的案件是自己早就发现了，要么就是自己受了别人的蒙蔽，总之是

"不知者不罪"。这样，和珅轻而易举地把自己的责任都推脱干净了。至于什么不察之罪的小过失则不妨应承下来，因为和珅知道，这样做不但不会有什么损失，反而能让乾隆对自己留下好印象。

当然，之所以和珅的这个法子在乾隆那里能够屡试不爽，每见奇效，主要也是因为乾隆偏袒和珅，别人在他面前告和珅状，他总认为这是因为自己太过宠信和珅，以致别人嫉妒，因之不论实情如何，自己先就有几分疑心。再加上和珅巧言善辩，于是到后来，乾隆总还是会相信和珅，即使铁证如山，也是如此。

施人恩惠，广结党羽

和珅知道要在朝中立住脚，仅仅得到皇上的宠信还是不够的，必须要有自己的人。"结党营私"在中国封建社会的政治生活中，一向是一个大忌讳，然而又是在官场拼搏的大法宝，因此，和珅在打击反对派的同时，也十分注意在朝中拉拢权贵、安插亲信。

在和珅的关系网中，排在第一位的当然是他的亲弟弟和琳，因为他俩"少共诗书长共居"，因此对和琳，和珅当然是无比信赖，而且和琳也很有能力，他跟和珅一样，都是咸安宫官学出身，念书时，学业上的表现也极为优秀。和珅刚起家时，孤立无援，所以对和琳更加依赖。那时和珅刚刚在朝中冒出头来，年纪轻轻，又没有什么资历，满朝文武都不把他放在眼里，不时有人弹劾他或借机试探他，在这样的情况下，和珅深感自己必须有人支持才行，很想找人来帮助，这时他第一个想到的人选当然是自己的亲弟弟和琳。

和琳，字希斋，官学生出身。进入仕途后，先是以满洲文生员补为吏部笔帖式，后又调为工部笔帖式，并累迁郎中、巡漕御史等职。乾隆五十一年（1786年）五月，在和珅的活动下，乾隆派和琳随阿桂前往浙江查询该省所属仓库库存，并处理窦光鼐弹劾盛住上年进京时携带大量贵重财物有贪污之嫌的案件。盛住是乾隆的小舅子，当时担任杭州织造一职，后来因为这个案子而被罢官，调至北京审查。在和珅的帮助下，乾隆亲自任命和琳接任杭州织造。乾隆五十二年（1787年），乾隆认为窦光鼐所奏不实，就让盛住官复原职，并于当年三月将和琳升任为湖广道御史，并兼管巡视山东漕运与造漕船诸事。乾隆五十四年（1789年），在和珅一手策划和指使下，和琳对湖北按察使李天培私交湖北粮船分带木料一事进行弹劾，乾隆对此非常重视，派大学士阿桂处理此案。经过多方审讯后，李天培的儿子李洵招供了，原来是他家的家人顾兴从湖北乘漕船给两广总督福康安带来木植八百件，给长芦盐政穆腾额带来木植四百件。李天培过去曾是福康安的下属，这批木料是福康安写信让他代购的，李天培为了节省运费而自行托漕船将这批木料捎运北上。此案最后的结果是，李天培被处以“褫职遣戍”。由于和琳在此案中表现突出，乾隆对其十分赏识，“嘉和琳伉直，下部议叙，由是遂见擢用”。此后，和琳平步青云，步步高升，死后还被晋封为一等宣勇公爵。

在李天培案中，和珅小施手段，就使和琳官运亨通，同时也给自己的政敌福康安一个不小的打击，可谓一举两得。不过后来和琳与福康安共事时，互相之间的关系却十分好，两人甚至还以兄弟相称，可能是和珅一打一拉的手段吧。

乾隆五十五年（1790年）正月，和琳被任命为吏科给事中。乾隆五十六年（1791年）二月，又升任为内阁学士。同年十一月，其又兼署工部左侍郎。乾隆五十七年（1792年）正月，其被授正蓝旗汉军副都统一职。同年二月，廓尔喀兵进犯西藏，和琳与福康安一起被派往西藏，当时其主要负责处理“藏库督前藏以东台站乌拉等事”。乾隆五十八年（1793年），乾隆颁发谕旨，“表彰其处理西藏事务已有端绪，仍宣趁此斟酌尽善，永远可遵”。在此期间，乾隆又先后任命和琳为镶白旗汉军都统、工部尚书，并授予其云骑尉世职。乾隆五十九年（1794年）七月，又被任命为四川总督。乾隆六十年（1795年）二月，石柳邓、吴半生、石三保领导的苗民起义于贵州、湖南两省爆发，清廷当即派福康安率军前往镇压。当时和琳正好有事要返回北京，途经邛州时，得知起义军已从松桃进入秀山，他立刻便赶往秀山，与清军张志林、马瑜等部合作，击败了起义军的进攻。为此，乾隆奖励他双眼花翎，并命他“参赞军事”。后来他又与福康安合作，连拔起义军虾蟆硐、乌龙岩、满华寨等70余寨。同年八月，他被晋封为一等宣勇伯。九月，他指挥清军攻下被起义军占领的岩碧山，乾隆“赏上服貂褂”给他。接着，他又因降伏起义军领导人吴半生而被清廷赐予太子太保。嘉庆元年（1796年）四月，他指挥清军连克结石冈、廖家冲、连峰坳等重要关隘，因此被“赏用紫缰”。五月，福康安于军中去世，乾隆便命和琳督办军务。同年六月，他又因俘获起义军领袖石三保，攻克乾州而被赏戴三眼翎。八月，和琳指挥清军围攻平陇时，因受瘴气而病故，他死后，清廷晋赠他为一等宣勇公，乾隆还特地亲临其家灵堂悼念，并下令让他的儿子继承他的爵位。

令人奇怪的是，和珅的第二大亲信竟是他的政敌福康安的亲弟弟福长安。福长安，富察氏，满洲镶黄旗，乾隆帝孝贤皇后的亲侄，其父为傅恒。福家兄弟数人在仕途上都很显达，福长安的几个哥哥福灵安、福隆安和福康安等在朝中都曾贵显一时，并且有的还被乾隆择为额驸。

有这样良好的家世背景，在乾隆面前，福长安自是十分得宠。最开始时，福长安与和珅一样，担任的是蓝翎侍卫一职，但没多久，由于家人的活动和乾隆的宠爱，他就被升任为正红旗副都统，同时兼任武备院卿，兼管内务府事。尽管福长安担任的几个职位不是要害部门的官职，就是肥缺，但他仍不感到满足，一心想得到乾隆更多的宠爱，在仕途上表现得比他的几个哥哥都强。并且他自幼一帆风顺，从未受过挫折，因此就更加争强好胜，一心想得到更大的发展。而因为皇后的关系，乾隆也很重用他。但正当福长安自觉前途无量、封三袭爵指日可待时，和珅出现了，尽管乾隆也很宠信福长安，但却明显更宠和珅。对此，福长安当然很不服气。

在与福长安共事中，和珅也感觉到了福长安对自己的排斥之情，但他知道如果能拉拢到像福长安这样的官宦子弟为自己所用的话，会对自己很有利，而且通过对福长安的观察，他认为福长安也很懂得如何讨好乾隆，有做自己的知己和党羽的资格，很想拉拢他，但问题是福长安自恃身份，未必会将自己放在眼里，该怎么办呢？

要对付像福长安这样的人，用钱是行不通的，首要的应是让福长安对自己心服口服。想通这一点后，和珅便常常故意在福长安面前透露乾隆对自己的特殊关爱，如把自己全家抬入正黄旗等——总之，让福长安知道：乾隆宠幸的是他和珅，虽然自己的家世很平常，没有什么背景，但最重要的是乾隆的宠爱，此外再无其他。

但福长安还是想跟和珅争宠，和珅见此，便改变做法，借乾隆之手好好地教训了福长安一顿。当时，乾隆同时分别任命和珅和福长安为军机大臣和军机处学习行走，如此一来，和珅成了福长安的顶头上司，官大一级压死人，如此福长安不得不在和珅面前低头。在让福长安了解自己比他强之后，和珅便转而采取怀柔政策，他找福长安推心置腹地交谈了一番，说他们俩是同一条船上的人，所以应该同舟共济，通力合作，并且此后和珅不断地给福长安一些小恩小惠，并不时建议乾隆提拔福长安，好让福长安知道，只有跟着自己，他才会前途无量，否则就绝不会有出人头地之时。

这样，在和珅的恩威并施、双管齐下之下，福长安对和珅死心塌地，两人在乾隆面前打转，竭尽全力讨乾隆的欢心，在军机处中，则更是联合一起，一致对付以阿桂为首的其他军机大臣。后来，和珅又奏请乾隆，将自己担任的户部尚书一职让给福长安，户部尚书是个肥缺，如此一来，福长安对和珅就更加地感激涕零了。

和珅的死党还有苏陵阿，他是塔拉氏，满洲正白旗人。乾隆六年(1741 年)，中翻译举人，被任命为内阁中书。后累迁江西广饶九南道台、吏部员外郎。由于他与和琳是儿女亲家，对和珅又百般巴结讨好，因此颇得和珅的关照，被破格提拔为兵部、工部和户部侍郎。不久就又被擢升为户部尚书、两江总督。嘉庆二年（1797年），和珅不顾他已年迈体衰，瞒着乾隆和嘉庆，推举其为东阁大学士，并兼署刑部尚书等职。此人昏庸无能，又爱财如命，当时人们对他的评价很差。担任两江总督时，他公开营私舞弊，贪污受贿。“每接见属员，曰：‘皇上厚恩，命余觅棺材本来也’”。他还不辨真假，放纵海盗，官员杨天相主张严惩海盗，他很不满，便对其进行诬陷，最后竟“诬良为盗”，“遂置杨天相于重辟”。尽管很多人都对这一判决感到不满，但由于和珅的曲意庇护，杨天相最后还是含冤而死。史载，杨天相死时，人们愤愤不平，“六营合祭，哭声震天，几至激变”。由此可见苏陵阿的昏庸程度。入阁后，苏陵阿愈发“龙钟目旺，至不能辨认戚友，举动赖人扶掖。瑶华主人弘睁尝笑曰：‘此活傀儡戏也’”。但由于苏陵阿对和珅言听计从，百依百顺，故和珅对其仍是百般爱护和提拔，因为他要通过苏陵阿向世人表明，只要顺从自己，即可得到重用。

要想交结党羽，就必须给对方以实际利益，仅只是示之以恩是远远不够的。和珅深知那些围在自己身边的人求的是什么，知道若自己不能给他们以实际利益，时间久了，这些人肯定会弃自己而去，因此，在恩以待人、救人于危难之际的同时，和珅遍洒甘露，广施实惠，从而让那些党羽看到希望，死心塌地地守在自己身边。

吴省兰、吴省钦兄弟是和珅在咸安宫官学时的老师，他们青年时就游学京城，凭着自己过人的才华闻名京师，并被选入官学任教。尽管能在官学中任教也是一种殊荣，但两兄弟却仍希望能由科举正途出身，为自己谋得一官半职，而不甘心以教师一职终老一生。出于这一目的，当吴氏兄弟得知自己昔日的学生和珅已经升任大学士，担任主考官，负责主管京畿的科举考试时，他们便毕恭毕敬地前去拜访和珅，并且一见面就向和珅行大礼，同时称呼和珅为老师。对吴氏兄弟的目的，和珅心知肚明，不久，当乡试之期将至时，他便想方设法从乾隆身边的太监口中猜出考题，并密报给他的那些包括吴氏兄弟在内的“门生”。吴氏兄弟本就博学多才，现在又预先得知了考题，中举当然就是轻而易举之事了。如此，他们便顺利地踏上了仕途。

有感于和珅对自己的大恩大德，此后，这对兄弟对和珅可谓是忠心耿耿，而和珅在他的众多门生中对吴氏兄弟也是最为满意，这是因为他们不仅对自己十分恭顺，而且还满腹学问，朝野之间，这兄弟俩的学问是有口皆碑，办起事来，也很有手段，不用和珅多操心，因此，和珅也有心提拔他们。和珅掌管科举多年，深知科举是一桩肥差，非常便于敛财，便帮吴省钦活动，使其成为直隶府的学政，专门主管乡试。对一个主考官所能起的影响力，吴省钦又何尝不明白，上任后，他就亲自考察应试的生员，而那些生员又怎敢两手空空地前去谒见这位学政大人呢，便都纷纷为其带去丰厚的礼物，而吴省钦则忙着衡量比较礼物的厚薄，至于生员学问如何，他哪里还会去管呢？

吴省兰书法

在直隶府学政位上，吴省钦贪得无厌，公开舞弊，差不多是明码标价地收受贿赂。他把生员们送来的钱财记录在册，按数量取名次，在他那里，一万两白银即可让一个全无半点学识的生员取得乡试第一名的成绩，至于那些十年寒窗苦读，但家境贫寒的，则只能眼睁睁地看着那些有钱人榜上有名，自己虽才学满腹却只能名落孙山以致空有抱负，报国无门。这些生员对吴省钦满腔愤恨，但又无从发泄，向朝廷状告他，他又有和珅的庇护，不告他，大家又咽不下这口气。后来，有个胆大的考生写了一副讥讽吴省钦的对联，贴在考场门口，上联是："少目焉能识文案"，下联是："欠金安可望功名"，横批："口大欺天"。这副对联中暗藏有吴省钦的名字，在上联中"省"字被拆为"少目"二字，下联中"欠金"二字合在一起就是"钦"字，而横批中的"口"和"天"合起来就是"吴"字。联中上联骂吴省钦没有眼睛，根本不识学问，下联则说只认钱财不认人，家境贫寒的生员自然就不用指望能金榜题名了。这副对联将众考生的不满表达得淋漓尽致，但由于有和珅在背后给他撑腰，因此，尽管民愤巨大，吴省钦还是照样担任他的学政的职位，照样利用自己手中的权力在科举考试中舞弊，收取巨额的贿赂。而和珅对他是如此之"好"，给予其如此巨大的恩惠，既为他谋得官职，又给了他赚钱的机会，你说吴省钦怎能不对和珅感恩戴德，为之肝脑涂地呢？当然，在施人恩惠时，和珅动用的绝不是自己的银两，他不过是借用乾隆的名号，慷国库之慨罢了。

有恃无恐，忠臣饮恨

乾隆后期，不是没有人起来反对和珅，但都由于乾隆帝庇护而未果。第一个公开站出来揭露以和珅为首的贪官污吏，并与和珅坚决作公开斗争的，是云南昆明人钱沣。

钱沣，字东注，号南园，乾隆三十六年（1771 年）进士，改庶吉士，散馆授翰林院检讨，升任江南道监察御史。他为官正直，不惧怕权贵，以敢言知名于当时。

钱沣弹劾山东巡抚国泰之事，当时轰动朝野内外。他在奏疏中指出：“山东吏治废弛，借纳贡为名，贪婪无厌，官民苦之，所属州县，亏空累累，请将布政使于易简、巡抚国泰逮捕法办。”钱沣还在此疏中说，希望皇上以后不要收进贡物品，使天下总督、巡抚没有借口勒索百姓，矛头触及乾隆帝。

乾隆帝得奏，受到极大震撼，马上下令军机处，传讯钱沣，叫他具体反映案情。不久，乾隆帝得知山东巡抚国泰贪污实有其事，谕令钱沣随同和珅、左都御史刘墉等人前往山东审理此案。当时和珅大权在握，而国泰平时与和珅关系极为密切，所以人人都为他的前途担心。

对与和珅斗争失败的严重后果，钱沣本人当然比别人更清楚。所以他在上疏弹劾国泰之前，就为自己安排好了后事。钱沣到他在翰林院时的好朋友邵南江家中，对邵南江说：“我如果家中有急用，需要十吊钱的话，你现在能答应借给我吗？”十吊钱是个小数目，相当于十两银子，故邵南江很痛快地答应道：“这笔钱可以借给你，但你应该告诉我，用十吊钱干什么？”钱沣说：“这你不必问了！但我得先告诉你，将来我恐怕不能还你，要想讨回这十吊钱，只能找我儿子了。”

钱沣家中连十两银子的积蓄都没有，他与和珅前往山东时，穿的衣服自然十分破旧。和珅以为有机可乘，立刻从行装中取出新衣服，让钱沣换上，但被钱沣坚决拒绝。和珅知道钱沣不能为金钱所打动，只好想别的办法。他派人给国泰通风报信，让国泰想办法先把州县仓库钱粮亏空补足，以便蒙混过关。

经过这番准备，和珅等一行人抵达山东后，他就叫手下人四处扬言，说钱沣危言耸听，诬陷清官良吏，将来要承担一切后果。幸亏同来查案的刘墉伸张正义，而且足智多谋，经常与钱沣一起商量对策，才使钱沣转危为安。

到山东盘查仓库存银时，和珅抢先提出，库银数额太多，不用全部核查，钱沣和刘墉表示同意。国泰事先在库银中做了手脚，放在表面的都是足色纹银，一连抽查数十封，数量一点不少。和珅询问钱沣是否再查，钱沣说没有问题，可以封存入库。和珅很高兴，马上回馆舍享乐去了。

第二天一大早，钱沣和刘墉再次来到银库，进行彻底盘查，发现大部分是圆丝杂色银。库银规定五十两为一锭，钱沣据此审讯库吏，命他如实交代，结果全是临时从商贾那里借来充数的。钱沣遂下令贴出告示，让商贾们速来领回，又叫衙役们沿街大喊：来晚了统统没收入官。于是商贾们纷纷手拿借据前来领回自家银子，整座银库为之一空。

钱沣再往其他府县盘查，商贾们再没人敢借银造假，仓库中全是空空的。最后定案时，和珅束手无策，只好眼睁睁看着国泰与于易简被送交刑部治罪。

国泰等人被绳之以法后，邵南江去钱沣家中问他："你前些日子向我借十吊钱，难道就是为弹劾国泰的事吗?"

钱沣说："正是! 我当时考虑弹劾国泰，如果和珅从中捣鬼的话，查不到真凭实据，肯定要受到严厉报复，也许要被发配充军，所以准备这些钱在路上用。"

邵南江听罢后又问："你若真的被充军塞外，十吊钱怕也不够用呀。"

钱沣解释说："足够用了。我天性喜欢吃牛肉，在道上也用不着仆人陪伴，有五吊钱买牛肉吃的话，就能保证我在路上不至于饿肚子。其余五吊钱，我带在身上备用，到达戍所是没问题的。"

这样一位正直廉洁的大臣，不能不让人肃然起敬。听到这件事的人，这才知道钱沣上疏弹劾国泰，是甘冒被流放充军风险的。

钱沣弹劾国泰属实，乾隆帝将他升任太常寺少卿，以鼓励揭露贪官。两年之后，钱沣又迁通政使司副使。和珅对钱沣恨之入骨，但因为乾隆帝信任钱沣，难以进行报复，遂让钱沣出京任湖南学政，以免在京城中碍他的事。

钱沣任湖南学政一职，主要职责是主持全省各地方的学校教育，组织生童入学考试。和珅暗中嘱咐湖南省巡抚，搜集钱沣的问题以求报复。但钱沣为官正直清廉，他一不受贿，二不收礼，取士至公，深受当地学子欢迎，根本找不到他的把柄。

后来湖北省荆江地区出现水灾，大量百姓死亡，灾区个别童生匿丧应考，孝感县又发生活埋人命案。这些事情本与钱沣无关。但当时的湖南巡抚为满洲旗人浦霖，是和珅的亲信死党，他借机上疏参劾钱沣，说他身在邻省，不及时向朝廷禀报灾情，湖南地方又有人告发钱沣并不认真追查违禁书籍。在和珅的操纵下，吏部拟将钱沣革职治罪。乾隆帝决定宽大处理，将他调回任六部主事，旋补员外郎，数年后复授湖广道监察御史。钱沣任湖广道监察御史是在乾隆五十八年（1793年），距他弹劾国泰已经过了12年。由于他揭露贪官得罪了和珅，历经12年官场坎坷，官职等于原地未动。

乾隆帝年逾八旬后，更加依赖和珅。钱沣仍然敢想敢言，丝毫不惧怕和珅。时和珅擅权专政，引起清政府内部矛盾重重，尤其是军机处主要官员貌合神离，连处理政务都难聚到一处。大学士阿桂，每日上朝后到军机处；大学士和珅，上朝后或入于内右门内暂时办公之处，或即前赴造办处；大学士王杰，则入南书房内办公，尚书董诰与王杰一同办公；尚书福长安则只在造办处理事。每日唯有乾隆帝召见时，他们六人才联行而入，退朝后则各还个人喜爱之地，一切咨事画稿也未免意见分歧，弄得各部司员在他们之间来回奔波。钱沣认为长此以往，不仅影响政府行政效率，更容易造成官员结党营私。于是他毅然上疏，请求禁止这种情况，恢复军机处旧制。

乾隆帝看到这份奏折，方知他所信任的和珅已把军机处弄到无法正常办公的地步，说钱沣所奏甚是，即令他在军机章京上行走。当时阿桂以下大臣，都尊称钱沣为“南园先生”，唯和珅经常想找他的毛病，但又无法找到，便安排他查办许多棘手案件。钱沣家中并不富裕，冬日衣服单薄，还要常常早出晚归，终于积劳成疾而逝。当时人认为，钱沣实质上是让和珅故意累死的。

钱沣死后不久，福建省也揭露出钱粮亏空案件，主要贪污犯就是巡抚浦霖，他被押送北京，处以死刑。据说当浦霖被押在囚车里送往菜市口行刑时，钱沣的柩车也恰好路过，两辆车就像事先安排好的一样，擦肩而过。浦霖被囚车送到刑场，然后被行刑的刽子手一刀砍下脑袋，而灵车里面的钱沣似乎看到了这一幕，然后灵车才缓缓地向云南老家归去。

借刀杀人，却敌千里

和珅长期掌权，善于窥察乾隆帝的眼色行事。对于与自己关系密切的人，或向自己行贿的官员，他或在皇帝面前为他们说好话、举荐，或者拖延处理其违法之事，等到乾隆心情好时，他就乘机说情辩护，设法开脱，常常能奏效。一些大官僚以他为后台，剥削下属，聚敛不义之财以供其所欲。盐政、河工素来是利益丰厚的地方，都为和珅及其党羽所把持，但因其贪得无厌而日益凋敝。朝中将帅还依仗和珅为后台，奢侈无度，贪污浪费军饷，久无战功。广信（今江西上饶）知府湛露贿赂和珅，被和珅保举任官。乾隆见他太年轻，没有独当一面的工作能力，斥责和珅滥加保举。两广总督富勒浑纵容家人贪赃索贿，由于他与和珅的不寻常关系，案发后，和珅请求只将富勒浑调回，并不治他的罪。

相反，对于不顺从他的人，或与他不合、触犯他的人，和珅就瞅准机会向乾隆进谗言，以激怒皇帝，借刀杀人。

和珅和阿桂是一对冤家对头。乾隆四十六年（1781年），甘肃回族首领苏四十三起义，进逼兰州。乾隆命和珅为钦差大臣，和大学士阿桂前往镇压。阿桂因病未痊愈，让和珅先行一步。和珅一路上故意拖延，到兰州时，清军已打败了起义军。在攻打起义军最后据点时，由于和珅指挥无方，致使总兵图钦保阵亡。但他在向乾隆汇报战况时，却把作战失利的责任推到诸将身上，说他们不服从调遣，又隐瞒了图钦保阵亡一事。阿桂到前线后，下令不服从调遣者杀无赦！第二天他们共同部署战事，阿桂亲自指挥，诸将都积极响应。于是阿桂反问和珅说，诸将不见有怠慢的，应该杀谁呢？和珅非常恼恨，乾隆知悉内情后，下诏斥责和珅进军迟延，颠倒是非，说阿桂在军中处事有条理，认为只阿桂一个人就可以平定叛乱，将和珅召回。和珅因此记恨阿桂，终生与之不和。阿桂以功晋升为首辅，他极其鄙视和珅的为人，入阁办公甚至不和他同在一个室内。而和珅也极其仇视阿桂，多次对其诋毁、阻挠，排挤倾轧，使阿桂不得安位于朝，只好经常到各地巡察或带兵外出打仗，和珅则乘机独揽朝政。嘉庆二年（1797 年）八月，阿桂死后，和珅更加肆无忌惮了。

和珅的同事、大学士嵇璜年迈，“遇事端谨有识”，不与和珅同流，和珅多次在乾隆面前说他的坏话，因而嵇璜屡遭乾隆训斥。另一军机处官员王杰为人正派，意见常与和珅不一致，但无法阻止和珅的所作所为。朱珪曾是永琰（嘉庆皇帝）的老师，在两广总督任上时，乾隆曾想起用他为大学士。和珅很是忌妒，设法暗中弄到永琰与朱珪交往的诗给乾隆看，并暗示说这是永琰在以此收买人心。乾隆果然勃然大怒，认为朱珪结好皇子，以获取恩惠，朱珪因此几乎丢了老命，幸亏董诰劝说才得以免死，但不久乾隆就把他降为安徽巡抚，并宣布不得将他召到北京重用。直到嘉庆二年（1797 年），朱珪才调京任兵部尚书。

揭发和珅的言官们多遭到和珅残酷的打击报复。

曹锡宝看到大清天下在和珅的带动下吏治腐败，民不聊生，辗转反侧，便想站出来，挺身一斗。

曹锡宝，字鸿书，一字剑亭，上海人。乾隆初年，以举人考授内

曹锡宝

阁中书，充军机章京。大学士傅恒深深地了解他，知道他是想要通过科甲出身进升为官。果然在乾隆二十二年（1757年）考中进士为庶吉士，后回家奉母，数年后于乾隆三十年（1765年）任刑部主事，再迁郎中，授山东粮道，皇上巡山东时召见曹锡宝，命他回京以部属任用，因为大学士阿桂的启奏，入《四库全书》馆，《四库全书》书成后以国子监习业升用。乾隆因为曹锡宝补司业无期，特授陕西道监察御史。

身为御史，担负着监察百官、整肃吏治的重任，特别是自己受到皇上的重用，又得到阿桂的提拔，他深切地感到应对和珅的贪赃枉法行为进行弹劾。和珅是贪污腐化的渊源，是吏治腐败的罪魁祸首，但弹劾和珅岂是易事，朝中有他的私党，朝外有他的网络，上面还有一个乾隆做他的保护伞，连像阿桂那样功高望重的重臣都让他三分，何况一个小小言官。曹锡宝想来想去，便想从和珅的家奴管门人刘全这里打开缺口。有了这种想法，他便时时留意刘全的行动。这期间他看到刘全家深宅大院，已违背了作为管家所应有的住房规格，并看到他穿戴及所乘舆车也超出了限制，于是便下决心弹劾刘全。这样便写下了一份奏折，写好后，又怕言辞有不妥之处，或有想得不全面的地方，便想找个知心朋友共同商量，当时若阿桂在朝便可请示阿桂，可阿桂却远在几千里之外。朝中虽有几个正直的人，但曹锡宝与他们素无私交，这样重大的事，很难与他们相商。后来，曹锡宝找到了他的同乡同学吴省钦。

而这位吴省钦却是和珅的死党，因而他卖友求荣，将这个消息马上告知了和珅。和珅赶紧命刘全做了手脚而曹锡宝尚被蒙在鼓里。

曹锡宝把朝中的事安排好，便乘车到了乾隆正在避暑的热河，把奏折呈给了乾隆。

乾隆当即召见文武大臣，又把曹锡宝的奏折当着大臣的面交给和珅。

和珅看罢奏折，奏道："启奏皇上，奴才既位至宰辅，深得皇上依赖，又是皇上姻戚，岂不知自爱自重？臣一向管束手下家人极严，深恐于皇上大恩不称，今曹御史奏劾刘全，臣也不敢说全无此事，因奴才长年扈从皇上，手下家人瞒着干一些苟且的事也有可能。故请皇上颁旨即拘刘全到案，若曹御史所奏属实，定从严处治。"

乾隆道："众卿以为如何？"殿上两班皆道："中堂所言甚当。"乾隆即命拘来刘全。

和珅固请乾隆在金殿会同文武亲审刘全，奏曰："臣当朝宰辅，又是皇上姻亲，若不同百官会审，难以正视听于天下，于皇上也似有草草之嫌，臣固请皇上会同文武会审，以澄清事实。"乾隆准奏。

两天后拘来刘全，乾隆当廷开始"钦审"，只见乾隆怒目相视，问道："刘全，曹御史劾你属实吗？"刘全道："奴才绝不敢招摇撞骗，招惹是非，中堂大人一向管束小的极严，别说有逾制的车舆房屋，就是穿戴也全是粗布衣衫。反倒是我等倒嫌中堂大人苛刻……中堂大人也别怪罪奴才，奴才跟中堂大人几十年，可中堂大人对奴才像对狱犯一样……"说罢竟哭了起来。

和珅道："刘全素昔尚为安分朴实，平时臣管束手下家人太严，致招埋怨，是臣之过；但想这刘全，万万不敢在外招摇滋事。曹御史之奏，似是一面之词，难以凭信。请皇上明察。"

乾隆听二人说得十分中肯，看那刘全模样实有冤枉，便道：“和珅家人刘全，久在崇文门代他的主人办理税务多年，其倒有应得之项，稍有积蓄，亦属事理之常，积蓄点钱财，也无不妥。至于盖造房屋数十间居住，也属人之常情，天下各处管理税务的官员，与和珅一样，不能不委派家人分管税口，既如此，家人胥吏占点便宜，其服用居室，稍有润锦，也是常见的，算不得奇怪之事。你这刘全凭借主人的权势肯定有招摇撞骗的行为，或许是在规定的税目之外，又擅自加征一些税，以肥私囊，或许打人骂人强夺索取亦未可知，应令曹锡宝逐条指实。如果有以上情节，即一面从严审办，一面据实上奏。也许是曹锡宝或曹锡宝的亲友因挟带行李货物过关，被刘全苛以重税，也许是曹锡宝要求免税没有得到满足，因此心怀不满，危言耸听，弹劾刘全，也为情理所有。若曹锡宝不过摭拾浮词博建白之名，也难以无根无据去处置人家。何况曹锡宝与和珅家人怎能熟识，曹锡宝怎么能得知刘全家的详细情况？这些也应详细地问清楚，方成信谳。或是曹锡宝借审刘全之案另有所指，以审家人为由，暗射其东家，隐约其辞，旁敲侧击，也是可能的。正因为此案可能是借家人以劾和珅，朕秉公扶正，应把此案查个水落石出。”

文武百官亦听得明白，乾隆处处袒护和珅，尽皆慨叹。乾隆于是下了谕旨：“留京王大臣，署步军统领定郡王锦图恩，都察院堂官大学士梁国治、董诰，同曹锡宝一起到刘全家查验，审视，严行访察，如果刘全果有借端招摇撞骗的事，立即据实参奏，从严办理，不可因为他是和珅家人就稍存回护。”

于是曹锡宝和几位大臣一起，前往验审。查遍了刘全院落，并无一间逾制的房屋，检查了刘全所有衣柜箱笼，也无一件过分华丽的衣服，至于不合规格的车马更是寻找不着。

一切都不翼而飞，曹锡宝一无所获，唯一的收获便是满腹狐疑。

刘全得理不让人，说道：“我从不敢招摇滋事，交结官员，如果真要有所谓的宽敞的房屋、精美的器具，那些东西难道是可以吞进肚子里去的吗？我对曹锡宝这个姓名听都没听说过，更不用说有什么来往了，你曹锡宝是怎么进到我家的，难道是偷着进来的，并跑到我家内宅偷看我家的东西。”

各位大臣只有质问曹锡宝。在这种情况下，曹锡宝一点儿也拿不出证据，还能说什么呢？只能说自己道听途说。

案情调查结果报给乾隆，乾隆召曹锡宝到热河避暑山庄。乾隆说：“曹锡宝，你如果真的见到刘全倚仗主人的势力招摇撞骗，房屋车马逾制，怎么倒拿不出来一点儿证据，无丝毫证据，竟然列款严参，实际是凭空捏造。朕看你的本意只不过是要参劾和珅，而又不敢明言，所以以弹劾其家人为由，隐约其辞，旁敲侧击，或者是受人指使，公报私仇，或者是因刘全向你索要税银，你怀恨在心。总之你完全不是出于公心，而是图谋报复。”

曹锡宝听皇上反复说那几句话，训斥自己，分明是袒护和珅，可是自己无一点证据，除遭训斥以外，又有什么办法，不得已只得向皇上认罪道：“臣见和珅家人刘全房屋整齐，恐怕他有借主人的名目做那招摇撞骗的事。臣平时恭读圣谕圣旨，见大臣中受到家人连累的不少，体会到皇上保全爱护臣下的一番苦心，见刘全房屋整齐，并恐他做出不轨之事，便想要和珅先行约束，防微杜渐，实在是希望和大人将来不至于受到家人的拖累。至于吾皇万岁，用人行政一秉大公至正，凡杜渐防微之处，无事不周，实无可以仰探高深。再者，刘全并无劣迹可以指实，我确实见识短浅。谕旨派员带同亲往各大臣家人住居阅看，始知家人住房五六十间者系常有之事，是以蒙皇上垂询时，即而奏刘全没有十分不是之语。总是我冒昧糊涂，措辞失当，咎无可逭。”

和珅正是乾隆眼前的红人，乾隆正对他言听计从，全把军政外交大事交于和珅。乾隆道：“这曹锡宝要使和珅防微杜渐，岂不是隐含指责朕用人不明。”乾隆总觉自己乃古今未有的圣明君主，又中正勤政，悉心为国，怎么让自己也防微杜渐。于是又让军机大臣、大学士梁国治再重审这个案子，查出“微”在哪里，“渐”在何处。曹锡宝又低头认罪，承认自己“防微杜渐”一语太过失当，请皇上治罪。于是乾隆手诏云：平时用人行政，不肯存逆诈不信之见。若委用臣工不能开诚布公而猜疑防范，据一时无根之谈遂以治罪，使天下垂足而立，侧目而视，断无此政体，曹锡宝未察虚实，以书生迂腐之见，托为正言陈奏，姑宽其罚，改革职留任。

乾隆这样反复地训斥谴责一个可以“风闻言事”的御史，在以前是绝没有的。曹锡宝被朋友出卖，没动和珅一根毫毛，自己反倒抑郁而死。和珅之所以能久握军机，对这件事的摆布可见一斑。尽管此事在民间曾有很大加工润色的成分，但和珅党羽对他之孝忠，消息之灵通，做事之缜密，对付对手之狠毒以及皇帝对他之袒护等情状却颇为真实。和珅久握军机的奥秘也不难获解。对曹锡宝的品质，纪晓岚非常感动，对他的遭遇也深表同情。所作《题曹剑亭绿波花雾图》有句云：“洒落襟怀坎坷身，闲情偶付梦游春。”就是有感于曹锡宝不幸遭遇的。

和珅得势时被人发难的另外一事是御史谢振定惩治和珅小妾之弟招摇撞骗、横行无忌的事。然而，对这件事和珅却是采取了此处退让、他处进攻的策略。也终把和他作对的人置于不利的地位，而自己则安稳无事。

不加节制，新主忌恨

乾隆六十年 (1795 年)，乾隆皇帝已届 85 岁高龄。他即位之初，曾立誓若在位 60 年，即将皇位传给嗣子，不敢超过康熙皇帝在位 61 年之数。当年九月，乾隆于勤政殿召集王公大臣，开启藏在乾清宫“正大光明”匾额后的密旨，宣布立永琰为太子，命将永琰的“永”字改书为“颙”。次年正月初一，农历新年的第一天，在浓重节日气氛中，奉行了授受大典。乾隆皇帝带领颙琰诣堂子、奉先殿、寿皇殿行礼，然后，至太和殿，庄严的禅位仪式就在这里举行。乾隆皇帝手捧代表皇帝权力的玉玺，授给颙琰。颁诏天下，改元嘉庆。同时，赐宴宗亲藩王。颙琰正式登基，这就是嘉庆皇帝。而乾隆自己居太上皇位。

嘉庆帝

一朝同时有两个皇帝，这在历史上是绝少有过的现象，而对当时的臣子们来说却并不是好事，因为他们不得不同时面对两个主子，老皇帝余威犹在，得罪不起；新主子早晚会总揽大权，可以决定你以后的命运，当然更惹不起。种种迹象来看，和珅几乎不假思索地就站在了老皇帝一边。或者深一步说借老皇帝之威强化自己的权力。这不仅因为和珅与老皇帝间长年相处积累了深厚情谊，并达成了很深的默契，更因为和珅看到老皇帝根本不想放权，这棵大树仍可乘凉，仍有利用价值。

乾隆皇帝禅让后其实是一丝一毫也不肯让权，他是那种越到晚年，对虚荣和权力的欲望越强烈的人。决定传位的同时他就明确宣布，凡遇军国大事和用人事宜，他决不会置之不问，而仍要亲自处理。他命军机大臣拟定的传位规定，使太上皇的礼仪规格和实际权力都远在嗣皇帝之上，嘉庆虽贵为天子，乾隆却是凌驾于天子之上的天子之父。他决不甘心做历史上常见到的那种养尊处优可是毫无实权的太上皇。

按他的规定，太上皇帝仍然自称为“朕”，他的谕旨，称为“敕旨”。题奏行文时，遇天、祖等字高四格，太上皇帝高三格，嗣皇帝高二格抬写。太上皇帝生辰要称万万寿，嗣皇帝称万寿。文武大员进京陛见，新任官员离京赴任，都必须觐见太上皇，恭请太上皇的“恩训”。这还不够，传位以后，乾隆借口已在养心殿居住了60年，只有这里才“安全吉祥”，才便于召见群臣，无论如何也不肯搬到早就修葺好的宁寿宫。于是，理应入主养心殿的嘉庆皇帝，只好仍屈居在皇子所住的毓庆宫中，乾隆还给毓庆宫赐名“继德堂”。这一点，和珅当然都看在眼里，心中有数。

另外，嘉庆改元，全国上下当然应该统一使用嘉庆新历，可是清宫中还是用乾隆年号，譬如乾隆六十一、六十二年，等等。据说，纪晓岚就曾留有这么一本皇历。新皇帝即位，按说钱币也该改铸“嘉庆通宝”，可在这几年，却是乾隆、嘉庆两个年号各半分铸。

此时的嘉庆皇帝，已是35岁的壮年，满肚子抱负不得施展，反倒成了太上皇的陪侍。正月初一，御太和殿的不是皇上，而是太上皇，皇上只能率领着王公大臣以及百官在殿下向太上皇庆贺行礼。太上皇外出巡幸，他不得不跟随左右，太上皇面南听政，他只能在殿内西向侍坐，每日只全神贯注于一件事，就是太上皇帝的喜怒哀乐，这是嘉庆皇帝修心忍性的一段日子。朝鲜史书上，就有这样一段记载：

嘉庆元年（1796年）正月十九日，也就是传位大典举行的半月以后，朝鲜到清朝朝廷进贺的使节李秉模，被乾隆召见于圆明园的山高水长阁。诸位使臣到乾隆御榻前跪叩之后，太上皇帝便派和珅宣旨说：“我虽然归政，大事还是我办。你们回国问国王平安，道路遥远，就不必差人来谢恩了。”黄昏时分，太上皇帝从山高水长阁出来登上一只小船，嘉庆皇帝也坐上一只小船跟随着，让李秉模等人乘大船跟在最后，行几里许，下船进入庆丰阁殿，又见太上皇躺在楼下的榻上，嘉庆皇帝侍坐一旁，看戏喝茶。

回到住所后，李秉模曾遣人去礼部询问：“从今以后，我国凡有进奏进表的事，是不是要在太上皇帝和嗣皇帝面前，各进一份呢?”他得到的回答是：“现在军机处还未定例，以后会发文书的”。二十六日，李秉模等人被召到礼部，官员向他们宣读了太上皇的御旨：“以后外藩各国，只须查照年例备表进贡，就没有必要添备贡物给太上皇帝、皇帝分成两份呈进了。”

三月十二日，朝鲜国王召见了回国的李秉模。国王问他：“太上皇身体还康健吗?”

“还好。”李秉模回答。

“听说新皇帝仁孝诚勤，声誉远播，是吗?”

“看相貌倒是和平洒落，只是看他在终日欢宴游戏之时，总是目无旁视地侍坐在太上皇身旁，太上皇喜则亦喜，笑则亦笑，也就知道他是什么样了。”

实际上，这正是嘉庆的韬晦之计。他平日起居和临朝，沉默持重，喜怒不形于色。可每当举行经筵典礼的时候，他却倾听得特别专注，而最受他眷顾的，是阁老刘墉和纪晓岚等人，这大概是因为他们在朝野德高望重，为人正直，并且唯独他们不阿附和珅的缘故。

自从和珅当了宰相后，他深刻体会了“一人之下，万人之上”的感觉，男人梦寐以求的东西，如钱、权、女人等他和珅拥有了，他什么都到手了。此时，摆在他面前的是两条路，一条是就此罢手，毕竟江山是爱新觉罗氏的，无论自己如何飞黄腾达，也只不过是爱新觉罗氏的手下奴才而已。只要和珅选择原地踏步，保持自己的声望和财产就行了，做到不与嘉庆帝作对。第二条路就是和珅更加显赫，可是，这个选择他无疑要承担巨大的风险，弄不好就会人头落地。但是，贪婪的和珅选择了第二条路，他的手已经收不住了。

中国人最崇尚中庸之道，孔夫人说“过犹不及”，就是这个意思。而且，几千年来的教训汇成一句话就是“物极必反”，凡事都须有一个尺度，超过了这个尺度，事情就会向坏的方向转化。和珅当然知道这些道理，可是，人认识到这个道理不难，但要做到就不易了。和珅也

是如此，他早已被自己所营造的网遮蔽了眼睛。

在位极人臣之时，和珅就已经给自己的未来掘好了坟墓。这种结果和珅周围的人也已经看出来了。嫁给和珅之子丰绅殷德的十公主固伦和孝公主就曾屡次劝诫自己的丈夫。

丰绅殷德与其母冯氏早就预料到和珅这样贪财是落不下什么好结果的，因此他们经常在日常聊天中暗示和珅，要他像范蠡、张良等人那样功成身退。和珅自然知道那些功成身退的例子，他也明白儿子和夫人的一片苦心，可是他却不愿意就此罢手；他总觉得自己是上天派来辅佐大清的，除了乾隆之外，没将任何人放在眼里，即使是已经要成为皇帝的嘉庆也不例外。

和珅没有听从儿子和夫人的劝告，这已注定他只能步鳌拜、年羹尧的后尘，和珅认为嘉庆是斗不过他的。但是从古至今，有几个权臣能落得个好下场的？难道和珅会成为一个特例？就是大清王朝，权臣跌倒的例子也不少。康熙朝的鳌拜身为顾命大臣，趁康熙年幼，于是独断专行，甚至挟康熙以令群臣，权欲膨胀到极点，结果，康熙智擒鳌拜，将鳌拜集团一举消灭；雍正朝的权臣年羹尧自认有功，跟雍正对抗，其结果也是身败名裂，被雍正处死。那么，等待和珅的会是什么结果呢？

和珅有个死党叫汪如龙，他也已意识到和珅的家业不会久长，他仔细观察嘉庆与和珅的言谈举止：嘉庆喜怒哀乐不形于色、气定神闲；而和珅却总是眉飞色舞、又说又笑、得意扬扬。通过观察，汪如龙得出结论：和珅无论如何也斗不过嘉庆，虽然两人的个人条件有些差距，可是此时的和珅已经忘乎所以，因此，汪如龙料定和珅必败无疑。他感念和珅对自己的提拔和知遇之恩，想苦劝和珅就此收手，毕竟，和珅想得到的都已经得到了。

在一般人眼里，飞蛾扑火、鸱枭喜欢吃腐烂的老鼠的举动显得很可笑，很傻，但在现实生活中不做飞蛾、鸱枭傻事的人，究竟能有几个呢？

和珅也是凡人，他与大多数人没什么区别。如果他能听从别人的

劝告及时罢手的话，那也许又是另一个结果。他是过于自信了，以为自己能改变整个世界。正如螳臂当车一样自不量力，和珅高估了自己，见此，汪如龙刺瞎了双目，不再留任和珅推荐的两淮盐政之职。

大多数人对权欲追求是无止境的，贪欲使得人丧失理智、敏锐和判断力，当一个人站在高处时，其他人都会对他巴结奉承，让身在高处的人只能看到自己的长处而看不到自己的缺点，欲望的膨胀使得自己感觉自己不再是一个普通人，而是一个手握乾坤的神灵，在这个时候，怎么还会考虑到自己的后路呢？更为关键的是，他们都存在着一种侥幸心理，认为历史上有些人物的失利是因为没有处理好一些事情，而自己是可以处理好的。因此，一个个步前人后尘。鳌拜、年羹尧的前车之鉴，和珅并没有放在心上，因为他自认自己比他们两位聪明多了，自己怎会重蹈他们的覆辙呢？但结果还不是一样！

此时的和珅真可谓踌躇满志，得意忘形。他趁乾隆昏耄权倾朝野，和珅并不傻，他也曾想到一旦乾隆撒手归西，新皇帝嘉庆会不会继续信任自己，于是他也无时无刻不在提防嘉庆帝，当他看到嘉庆帝平时一副无所事事的样子，也就放下心来。因此他更变本加厉，目空一切，朝野上下对他都敢怒而不敢言，无人敢与他抗衡。有的阿谀奉承，有的敬而远之，有的表面上不说，心里却是十分记恨，甚至连乾隆帝的诸皇子们也都对他心存畏惧。据史载：当太上皇“善忘比剧，昨日之事，今日辄忘；早间所行，晚或不省。或侍御左右，眩于举行。而和珅之封擅，甚于前日，人皆侧目，莫敢谁何云”。当和珅“出入宫中时，伺高宗喜怒，所言虽诸皇子，亦惮畏之。坤益骄纵，尝晚出，以手旋转其所佩剔牙杖，且行且语曰：‘今日上震怒，某阿哥杖几十，某阿哥当杖几十。’睿（仁）宗为皇子，必屡受其侮辱，故在谅暗即愤而出此，不能再容忍矣”。

和珅不仅不把诸皇子、皇孙放在眼里，甚至有时也不把乾隆帝放在眼里。乾隆帝因年高体衰，视力减退，批阅奏折时，拿笔经常打战，有时字迹往往不清楚，和珅见此，竟毫无顾忌地说：“不如撕去，另行拟旨。”显然，和珅此举在封建专制社会中是不能容忍的。当然，和

珅在多数情况下，还是通过乾隆帝达到他的目的。例如，虽然他是首席军机大臣和大学士，但只是个伯爵，在爵位上并不显贵。于是，借助勒保“生擒”起义军首领王三槐一事，请求乾隆给他晋爵。乾隆满足了他的要求，嘉庆二年（1797年）八月初九日，和珅晋封为公爵。这件事并没有经过皇帝嘉庆的批准，嘉庆帝当然是不会高兴的。次年春天，嘉庆帝发布上谕，冬季要举行大阅典礼。可是这时和珅却鼓动乾隆帝下了一个与嘉庆帝背道而驰的谕旨：“现在川东北教匪虽将次剿除完竣，但健锐营、火器营官兵尚未撤回，本年大阅著行停止。”这就无形当中给人们造成了一种印象：提升、加封官吏的职位和爵位由太上皇直接参与，嘉庆皇帝只有默许、认可；太上皇可以否决皇帝决定的事，而太上皇所作的决定，又多半是和珅出的主意，皇帝实质并无多少实权，纯粹是个摆设。嘉庆帝对此虽心怀不满，却也无可奈何．为了麻痹和珅，嘉庆诸事让和珅三分，装出一副与之无争、事事依赖和珅的样子。当时有不少大臣暗地里告和珅的状，嘉庆帝非但不生气，反而表示自己要依靠和珅处理政务。朝鲜使臣有这样一段记载：“皇帝登基以后，虽厌恶和珅，却从没有当面说过和珅。一日和珅筵奏太上皇减太仆马匹，皇帝独自语曰：‘从此不能复乘马矣。’筵臣之旁闻之者，知珅之必无幸焉。”这表明嘉庆帝颇有心计，外表上不动声色，任和珅为所欲为，并不时表示出对和珅的尊重，“自从朕即位以来，不欲事事，和珅或以政令奏请皇旨，则辄不省曰：准太上皇处分，朕何敢独自决定。”所以当时的人都称赞嘉庆帝聪明，知道和珅的心思，就对和珅言听计从，使和珅对他毫无疑心。嘉庆帝这样做，真可谓两全其美，既麻痹了和珅，同时又瞒过了太上皇，落得了一个“孝”名，嘉庆帝处处表现出对和珅的信任、尊重，无非就是想蒙蔽住和珅。每遇有事向父皇乾隆帝奏报时，嘉庆往往请和珅“代言”，每当一些大臣向他反映和珅的种种不法行为时，他也总是解释说：“他自己还要依赖和珅办理大事，其他人不可对和珅有所怒视。”

和珅虽然聪明，但却没有摸透嘉庆帝的心理。一方面他采取拉拢、靠近的方法，如在嘉庆帝即位之前就抢先递如意，以表示自己全心拥

戴嘉庆做皇帝，同时又向嘉庆讨好说，皇上的衣食都由他们贡献，没有动用国库一分一毫的帑金，以唤起嘉庆帝的感激之情；另一方面他又在嘉庆帝身边布置亲信，以窥伺嘉庆帝的一举一动。例如，他让自己的老师吴省兰以帮助嘉庆帝审阅诗稿为名亲近嘉庆，以此了解皇帝的想法和活动。

当初乾隆刚将自己要禅位给太子嘉庆的消息告诉和珅的时候，和珅就选择了送玉如意给皇太子，对其进行试探。太子永琰当然十分清楚自己的尴尬境地，虽然身为太子，但废立不过只是乾隆的一句话而已。即使做了皇帝，也要对手握实权的太上皇俯首帖耳。所以，为了稳住和珅，永琰对和珅一味恭维，以消除其思想上的警惕。精明的和珅哪里猜得出永琰的心思，他心中还得意扬扬地认为："此等孺子必可玩于股掌之上。"

和珅送玉如意给永琰之举本身就犯了大清律例，因康熙诸皇子为争皇位竞植私党，酿成数起狱案，所以清制规定皇子不许与诸大臣有任何接触，皇子不得擅离宫中。但和珅却敢冒天下之大不韪，永琰如何会不知和珅的用意呢？和珅以为送如意之事可以讨好未来的皇帝，所以放弃了对永琰的戒心，这正是和珅悲哀的地方。

嘉庆见自己采取的"沉默持重，不喜不怒，言听计从，以示亲信"的策略果然有效，令老谋深算的和珅放松戒备，心中长舒一口气，现在是万事俱备，只等自己亲政，杀和珅而后快，嘉庆做梦都想着这事。

时间终于到了，嘉庆四年（1799年）正月，太上皇乾隆驾崩于乾清宫，庙号"高宗"。嘉庆的梦也快实现了。复仇的快感不由得从嘉庆心中泛起，但此时不可轻举妄动，打草惊蛇，首先要办好父皇的丧事，稳住和珅，让他做"两朝股肱之臣"的好梦。于是，嘉庆的第一封诏书几乎是重复了乾隆的遗诏，并在诏书中多次声明，一切沿革太上皇之制，并令和珅为首席治丧大臣，而和珅亲信福长安也名列其中。和珅一见，知道自己的两朝宠臣是做定了，也就毫无防备，嘉庆趁机以治丧借口暂时免除他的军机大臣、步兵统领等军职，以冠冕堂皇的借口将和珅等人软禁于乾隆灵前，又任命自己人担任各种要职。在部署的同时，嘉庆帝还不忘天天哭灵。到第五日，嘉庆下旨迅雷不及掩耳地逮捕了和珅。

和珅其实可以避免这一天的，可是权力与金钱蒙住了他的眼睛。

和珅跌倒，嘉庆吃饱

嘉庆四年（1799 年）正月十八日，嘉庆帝派大臣前往和珅囚禁处所，“赏赐”他白绫一条，令其自尽。此时和珅一看到白绫，知道死期已至。他对自己经营一生，家业富比皇室，到头来落得如此悲惨下场，不禁万分慨叹。

和珅提笔写下了一首绝命诗：“五十年前梦幻真，今朝撒手撇红尘。他时唯口安澜日，记取香魂是后身。”

赋诗完毕，和珅拿起白绫套在自己的脖子上，悬梁自尽，结束了自己的一生，终年 50 岁。但他留下的这首绝命诗，却耗尽了无数史家特别是附会者的心血。人们把此诗集中在和珅的前身和后身上，说和珅的前身是乾隆宠爱的妃子马佳氏，而后身便是世所不齿的慈禧太后。大意是和珅为了报仇，而化为女身来惑乱清朝，而要说惑乱清朝最巨的莫过于慈禧太后了。所以，众口相传，和珅是投胎变成慈禧太后了。自和珅死后，对其绝命诗的各种解释附会无不朝此方向发展，最终都是为了把和珅变成慈禧。这些说法虽属痴人说梦，但却也反映出人们对和珅以及后来的慈禧太后的憎恶。

事实上，和珅这首绝命诗，可能在诉冤屈。整个意思是 50 年的人生如梦幻一般，现在就要撒手红尘。等到将来人们可以说真话，能真王评价我时，一定会记住我的一缕香魂。

从乾隆驾崩到赐和珅自尽，前后仅用了16天，可谓迅捷。由此可见，乾隆生前是多么宠信和庇护和珅，而和珅又在极大程度上倚重于乾隆，而当乾隆一死，和珅就势败如山倒，不可挽回；另外也说明了嘉庆皇帝、众大臣早已对和珅恨之入骨，百姓早已对和珅深恶痛绝，和珅之死是势所必然，只是个时机问题。

丰绅殷德

和珅倒下了，但他仍有后人。按封建社会的习俗，只要有后人，那么这个人还算孝顺，如果没有子嗣的话，无论他如何孝敬父母，他也会被扣上不孝的罪名。因此有“不孝有三，无后为大”的说法。

“后人”就涉及一个范围问题，有的人只把直系亲属算做后人，只包括儿子、女儿；有的人认为应该算所有的后人，我们同意后一种看法。我们认为，如果只算直接的亲属的话，和珅的后人就太少了。因此我们把固伦和孝公主等与和珅有关的家属亦当做后人。

和珅死后，在固伦和孝公主几度恳求下，嘉庆允许其夫丰绅殷德“暂行出城，料理丧事”，堂兄丰绅宜绵也被暂时解禁。

和珅生前建造的比皇陵还豪华的和陵，因逾制被嘉庆帝强行拆毁，丰绅殷德与堂兄丰绅宜绵只好在北京西北的南流村另立新坟，把和珅草草掩埋，并把冯氏、和琳等人的坟地也迁到此地，让冯氏与和珅这对夫妻能在阴世团聚。和珅在修筑和陵的时候万万没有想到，自己竟然没有机会享受和陵，只有静静地躺在南流村的坟地内。

和珅倒台后，丰绅殷德相继被革去一等公、贝勒、伯爵等爵位。幸好嘉庆七年（1802年），嘉庆因镇压白莲教成功，龙颜大悦，褒奖丰绅殷德，“赏给民公品级，仍在散秩大臣上行走”。即使如此，丰绅殷德也明白，只要嘉庆当政，自己的政治生命就已经完结了。嘉庆十一年（1806年），嘉庆又授予他“头等侍卫，擢副都统，赐伯爵衔”。不久，派他到乌里雅苏台任职。在边疆地区供职，与其说是提拔还不如说是流放，嘉庆讨厌与和珅有关的一切，当然自己的妹子固伦和孝公主除外，所以就来个眼不见为净，让丰绅殷德长期在边疆做官。而此时，丰绅殷德的身体由于过度放纵和自暴自弃的心境，已经是百病缠身了，在这种蛮荒之地无异于慢性自杀，他自己早死晚死都不太计较了，公主可不能眼睁睁地看着自己的丈夫奔赴黄泉，于是多次向皇兄求情，希望他放自己的丈夫回来养病。嘉庆十五年（1810年）二月，应公主所请，嘉庆许可丰绅殷德回京养病，还派人看望他。由于旅途劳顿，当年五月，丰绅殷德去世，年仅36岁。

和珅倒台，其已经去世的弟弟和琳及侄子丰绅宜绵当然受到株连，嘉庆帝斥责和琳“牵制福康安，师无功。命撤出太庙，毁专祠，夺其子丰绅宜绵公爵，改袭三等轻车都尉”。后来又“斥退了侍卫，不准在乾清门行走”。丰绅宜绵也就一直赋闲在家。

和珅被抄家时，除各处房产花园外，还抄出银子300多万两、金子32000多两、土地十多万亩、收租房屋1000多间、各处当铺银号以及各种珠宝、衣物等，其总家产折合白银约有1000万两。当时，清政府一年的收入也不过七八千万两。

和珅的宅第也不一般，在里面走上一圈，就是当朝皇帝也自叹不如。

乾隆四十一年（1776年）十二月，和珅从正红旗抬入正黄旗，成为上三旗满洲人。随之乾隆乃赐德胜门内什刹海畔的一块地给和珅，恩许他另建住宅，同时又把圆明园附近的淑春园当做别墅赏赐给他。淑春园乃颐和园的组成部分，在今北京大学校内。淑春园几经和珅修葺，成了西郊名闻一时的私人园林。不仅如此，和珅开始着手建造自己的陵墓，经过多方考察，和珅在蓟州境内选好了一块坟地，经过几年的营建，逐步建造出规模庞大的“和陵”，可惜和珅后来没有享用到“和陵”，他倒台后，嘉庆认为“和陵逾制”，规格比皇陵还高，所以令强行拆毁，和珅长子丰绅殷德只好将和珅在南流村草草埋葬了事。

和珅位于什刹海的宅第，东至毡子房胡同，南至今前海西街南侧，西至李广桥，北至大翔凤胡同，布局精巧，不输于亲王贝勒王府。和珅死后，嘉庆帝将它赏赐给乾隆七皇子永璘，永璘“喜极而泣”，后传给其子恭亲王奕䜣，从此称为恭王府。

淑春园在历史上早已有史。《大清会典事例》中记载：“乾隆二十八年内务府奏准圆明园所交淑春并北楼门外等处花园……”和珅在乾隆把淑春园赏给他后，更进行了大肆的扩建，并更名为“十笏园”。规模也极大，据资料显示：园内仅房屋就有1003间，游廊楼亭357间。园内有山有水，存一湖泊（即今北京大学未名湖），湖中有小岛（湖心岛），石舫，现在依然完好无损地保存于今北京大学内，环境优美。

和珅一生经营的产业都落入了嘉庆皇帝的手中，当时有句民谚：和珅跌倒，嘉庆吃饱。给他富贵的是皇帝，夺去他富贵的也是皇帝。在中国古代社会，普天之下，莫非王土，率土之滨，莫非王臣，除了皇帝，其他人都是奴才，哪有真正的贵族？所以人们常说“富不过三代”。这就是中国社会的特点，这就是中国人的生存状态。

慈禧太后的心腹
——荣禄

荣禄（1836—1903年），字仲华，号略园，瓜尔佳氏，满洲正白旗人，出身于世代军官家庭，以荫生晋工部员外郎，后任内务府大臣，工部尚书，出为西安将军。因为受到慈禧太后的青睐，留京任步军统领、总理衙门大臣、兵部尚书。辛酉政变前后为慈禧太后和恭亲王奕䜣所赏识，官至总管内务府大臣。1903年病死，谥“文忠”。

荣禄作为一介封建官僚，一生唯慈禧马首是瞻，这是他官运亨通的唯一前提。慈禧也很信任他，撮合他与醇亲王结亲。荣禄的女儿嫁与醇亲王载沣，后生宣统帝溥仪，所以荣禄就是溥仪的外公。

荣禄做了慈禧戊戌政变的帮凶，这是他人生的最大污点，但这是在他当时所处地位下所能作出的唯一选择。但是，我们也应当看到荣禄毕竟不同于顽固派，从他对于新政的态度，从他在庚子事变中的表现来看，他的确可以被看做是一个有识见的封建官僚。

功臣世家，仕途顺畅

晚清时期，清廷众多大臣中有一位足智多谋、官运亨通的重要人物，他就是荣禄。荣禄，字仲华，号略园，他出生在瓜尔佳氏这个官宦世家之中。

荣禄的先祖是被公认为清朝开国佐命元勋的费英东，是努尔哈赤的辅政五大臣之一。荣禄的祖父叫塔斯哈，因功被提拔为镶红旗蒙古副都统，后任喀什噶尔帮办大臣。其父长寿，曾任直隶天津镇总兵。荣禄就出生在这样一个被清廷大加褒奖的“忠义”家庭。他幼时因母亲早亡，由继母太夫人抚养成人。他生性聪慧，身材魁梧，相貌端庄，才华横溢，书画剑槊无所不精，有将相之才。

咸丰二年（1852 年），年仅 16 岁的荣禄便“由荫生以主事用”，供职于工部。靠着祖先的荫庇，踏上仕途。

少年得志的荣禄，可谓是春风得意。但对于一个 16 岁的少年而言，轻而易举得来的官职又有什么意义呢？孩子纯真的天性太早地被泯灭，而代之的是晚清浑浊不堪的官场习气以及官场上尔虞我诈的人际关系逐渐充斥于他的脑海。但自幼踏入官场的经历，为荣禄积累了大量的经验，这也是他能够在晚清官场激烈动荡的人事变动中得以稳定的主要原因，并且他总能够借助于激烈的斗争往上爬，最后位至内阁大学士。

在工部任职的荣禄还没有品尝到政治斗争的凶险。刚刚出道的荣禄，可谓是一帆风顺，平步青云。在工部任主事 5 年后，补员外郎。

命运似乎格外垂青这位涉世未深的少年。当时，管理用于接待外使以及国家庆典时所用的银两、绸缎以及颜料的三库员外郎缺出（也即户部银库员外郎），按照惯例，应由各部堂官推荐合格的人员，于是各部官员一致荐举荣禄。史书上没有具体记载为什么这些官员们特别看重荣禄，对于一个年仅 23 岁的青年，供职于这一职位确实让人匪夷所思，但机会就是这样再一次降临于他的身上。于是，仅仅在工部员外郎任上停留一年后（1859 年），荣禄便荣升户部银库员外郎。由于这次升迁，咸丰皇帝开始认识他。每次上朝时，高居朝堂之上的咸丰帝看到堂下的荣禄，必定要向身边的中枢大臣询问："那边站立的是荣禄吗?"可见咸丰皇帝对这名少年的关切之心。一天，咸丰帝将荣禄传到军机处，君王去亲自接见，自然使荣禄受宠若惊，当他怀着激动而又惶惶的心情去觐见咸丰帝时，紧张得几乎说不出话来。好在咸丰帝当时只是问了他一些关于日常生活以及处理公务的事情，并且不可缺少地给予了荣禄一定的鼓励。随后，咸丰帝便问起其祖父之死的事情，想起先祖，荣禄禁不住声泪俱下，对咸丰帝作了清晰的回答，咸丰帝也想起其祖父曾为清王朝所立下的汗马之功，不禁为之动容。

一帆风顺的日子转眼过去了。官职越大，便意味着越具有风险性，越容易卷入政治斗争的旋涡。自从出任户部银库员外郎后，荣禄开始彻底失去了从前那种悠闲自得的生活。23 岁的荣禄开始了思索，开始学着应付官场中各种复杂的人际关系，因而他逐渐开始变得狡黠起来。

咸丰执政的最后三四年间为最混乱的国内局势所困，朝政重权实际把握于肃顺手中。

荣禄调任户部时，他的顶头上司正是当时权倾一时的肃顺。连续不断的战争使国家的财政陷于匮乏，肃顺任户部尚书后不久，即试图改革财政状况以增加国家收入。其中一项改革措施是严厉打击惩处贪污受贿、疏于公务的官员，革除弊端。咸丰九年（1859 年）十一月，肃顺逮捕了几个有贪污行为的管钱局的主管人，并下令监禁与这些官员有勾搭的户部官员。年底，户部衙门失火，几乎焚毁殆尽，肃顺认为这是由几个铤而走险的户部官员所为，以便销毁罪证。肃顺坚持给这些官员处以死刑，荣禄便是其中之一。面对飞来横祸，他赶忙找到父祖的老关系，设法通融，总算躲过了这场杀身之祸。也有史书记载，肃顺当时权势甚大，想将荣禄网罗于其门下，但荣禄没有反应，因此触怒了肃顺，故而肃顺借机杀掉荣禄。总之，不管是什么原因，这场灾祸大大地教训了荣禄，使他进一步认识到官场的险恶。他认识到，要想在这里生存下去，必须谨慎，谨慎、再谨慎。风声平静了些后，他随即以捐输军饷的名义花钱买了一个直隶候补道的头衔，闭门闲居以避祸。初入政坛的阶段暂时告一段落。

辛酉政变后，朝廷掌权人物走马灯般变幻，肃顺等人的人头如西瓜般摔落在地，慈禧在鲜血中开始了她统治晚清政治长达48年的历史。

这场政变给了荣禄血淋淋的教训与冲击，他的思想、性格都再不是当初那世家贵公子。这年年底，在清政府与洋人的几次作战较量后，慈禧感到西洋武器装备之先进的威力，于是命令奕䜣、奕譞组建神机营，它是中国第一支用现代火器装备、仿照西洋方式训练的军队。荣禄不失时机地将先祖遗传下来的阵图献给奕譞，奕譞大为赞赏，立即把他派到神机营当差，赏五品京堂，充翼长，兼专操大臣。他的举动，遭到京城中一些人的猜忌，纷纷谣传他是醇亲王的外宠。这样，蛰居了两年的荣禄又复出了，并且还攀上了日渐走红的亲贵醇亲王奕譞，有了一个硬靠山。

荣禄不仅寻到了后台，而且开始握有政治资本——军队，虽然此时他还不能全权领导这支军队，但他掌握着实际的管理权。荣禄深知这支军队对他的重要性，费心竭力地经营着这支队伍。到1864年，他已是神机营二翼长之一。

所谓养兵千日，用兵一时。仅仅凭着一支军队还不足以帮助他向上爬，他必须依靠这支军队来建立功业，为他扬名。1865年，直隶周边地区不断遭到土匪的骚扰，人民怨声载道，不能安生。清政府便命荣禄率军剿灭匪徒。荣禄亲自领兵，连续追逐匪军两个昼夜，最后将土匪尽数剿灭。荣禄在京城中开始有了名气。

同年，捻军壮大，歼灭了僧格林沁及其所部骑兵，举国震动。次年，捻军在河南许州分为东西两部，张宗禹率领西捻军西上陕甘，攻占多处县城，京师不安。同治六年（1867 年），捻军从陕北东下，经过山西、河北，到达山东平原一带，给清政府造成很大威胁。清政府调集主要兵力围剿捻军，荣禄受命在直隶参与镇压张宗禹部，并立下了重要功劳。次年，捻军被镇压。荣禄因屡立战功而受到大学士文祥的疏荐："荣禄系忠节之后，爱惜声名，如果授予他文职，必定胜任。"

虽然荣禄是因世袭制度而起家，但在他第一次经受打击后，以军功而复出，可见，如同他的父祖，战争与军队在荣禄的仕途中起着关键的作用。同治七年（1868 年），授京东巡防处都统。同治九年（1870 年），受命总管神机营事务，他任此职长达 9 年之久，同时他还兼任工部侍郎（1871—1873 年）。同治十二年（1873 年），又被调补户部，任户部右侍郎兼管三库事务。第二年八月，荣禄被授总管内务府大臣。此后，他还兼任工部尚书（1878—1879 年）及京师步军统领（1877—1879 年）。在当时的清廷诸臣中，总管内务府大臣，其权位与御前大臣、军机大臣呈三足鼎立状。在预闻机密、参与决策中，甚至超过御前大臣和军机大臣。难怪当时流传着这样的话："御前大臣班列最前，但尊而不要，军机则权而要，内务府则亲而要。"未满 40 岁的荣禄便位列显臣之尊，可谓是踌躇满志，令人赞叹。

在晚清官场上滚打摸爬了 20 年的荣禄深知要想保住自己的乌纱帽，必须要赢得大权独揽的慈禧太后的青睐。经过 20 年的磨炼，他早就练就了一套察言观色、长于逢迎的本领。同治十三年（1874 年）十二月，19 岁的年轻皇帝同治病逝，光绪皇帝即位，慈禧太后为确保自己继续垂帘听政，让光绪皇帝承续咸丰皇帝而不是同治皇帝之统，这样慈禧仍然是皇太后，仍可继续垂帘，否则就要成为太皇太后，不得再垂帘听政。这就等于说同治皇帝没有继承人，已经断统绝后。善于揣度人的心思的荣禄及时察觉到慈禧的想法，于是，他在上朝的时候不失时机地"吁请今上生有皇子，即承穆宗"，这一请求让处于紧张状态的慈禧流下了感动的眼泪，慈禧委婉地应允了荣禄的建议，授意他去办理此事。

当时朝廷的政治斗争非常激烈。咸丰帝死后，慈禧太后勾结奕䜣发动政变夺取政权时，势单力薄，不得不依靠奕䜣，委以重任。但是，以慈禧的为人，绝不允许奕䜣集团长期存在以威胁自己的权力。她一方面不断寻找借口，刁难打击奕䜣；另一方面启用醇亲王奕譞和同治帝的师父、内阁大学士李鸿藻等人，以牵制和削弱奕䜣的势力。表面上和睦的慈禧与奕䜣之间实际上隐藏着水火不容的矛盾。但当时奕䜣的权势也很大，是朝廷重量级的人物。尽管慈禧太后总揽大权，但重大的事情还是需要与奕䜣商讨，需要经过奕䜣之手，像皇帝即位之事。慈禧知道要想达到目的，必须要奕䜣出面。这样，她只能暗中授意荣禄去办理。荣禄打着为国为民的幌子，请恭亲王出面，请慈禧太后颁发诏书：俟嗣皇帝有子，承继同治皇帝。奕䜣虽不情愿，只好照办。光绪元年（1875年）一月二十二日夜，慈禧决定过继他的外甥载湉（即光绪）入承大统时，即派荣禄率军将幼主从其父（奕譞）家中护送至宫中。可见，慈禧对他信任备至。慈禧太后如愿继续垂帘听政。荣禄在同治死后、清统治集团争夺皇位继承权的斗争中，为慈禧的再度垂帘听政大效其力，从此，荣禄成了慈禧的亲信，他在光绪朝获得了更快的升迁。

荣禄

光绪四年（1878年），荣禄被派充紫禁城值年大臣，不久，迁都察院左都御史，旋擢工部尚书。正当荣禄于光绪朝飞黄腾达之际，厄运再度降临。他不得不以疾病为名，请旨回家休养，于光绪五年（1879年），辞去一切职务。关于他的这次归隐，翁同龢说荣禄的腿有毛病，西洋的外科医生曾经为他做过手术，所以他的腿一直不太利落，做官久了，也该找个机会休息休息，这也是正常之举。如果以翁同龢的说法分析，可以认为荣禄官位显要，声名显赫，有急流勇退之意也未尝没有可能。但这种说法以当时荣禄的年龄与经历推断，不具有可信度。还有的史书记载说，荣禄自诩他与慈禧的关系非同一般，能左右慈禧太后，遂引起奕䜣的不满，所以奕䜣找机会向慈禧进言，革了他的职。还有的学者把他的失势归结于他坚持限制宦官的权力，因而结怨于慈禧。因没有确凿的记载，对荣禄的这次被罢还没有一致的意见。但根据正史的记载以及其他材料的辅证，荣禄这次遭厄运，是因为他直接得罪了慈禧太后。

慈禧太后曾经想自己挑选宫监，荣禄上奏说这种做法不符合祖制，反对慈禧自选太监，引起慈禧太后不满。此时，恰好侍读学士宝廷上奏说满汉大臣兼差多，不利于朝廷管理，慈禧遂借机罢免了荣禄的工部尚书，还革去其内务府总管大臣的差使。但是慈禧仍觉难消心头之恨，便又组织了御史弹劾他收受贿赂。御史是晚清政治斗争的晴雨表，当一个人要整倒自己的政敌时，便组织御史进行笔伐口诛。荣禄因此又受到降二级处分，由提督降为副将。这意味着他一旦再度被起用时，官职也低于离职之前。

经过了生生死死复杂的政治斗争，也经受了政治上起伏不定的命运，荣禄再度回到了淡漠平静的生活中。在北京城中，他过起了闲适的生活，时而同贴近的幕僚扶杖漫步，下棋谈天；时而同几个文人骚客吟咏风花雪月，诗酒唱和；时而听莺垂钓，弄舟水池；时而设宴园中，与妻妾子女共享天伦之乐；时而接待拜访宾客；时而听听京戏……绝口不提政事，以表示自己的淡泊之志，不再闻问政治。然而，随着生活的变迁，或许人的性格与个性可以改变，但人的天性却不会被磨灭。世外桃源的生活并不能减弱荣禄内心中对权力的渴望和对政治的兴趣。他在平静中等待着机会，然后又是与军队有关的事务再一次解救了他。

投靠慈禧，纯情不再

光绪十年（1884年），由于中法战争的爆发，清政府需要添置武器，但迫于财政窘困，朝廷下令王公大臣出资赞助，荣禄随即向朝廷报效了一笔钱，才蒙加恩开复处分。光绪十三年（1887年），荣禄再度被起用，清廷任命他为都统。一年后，充领侍卫内大臣、专操大臣等职务。或许是因慈禧对荣禄仍心怀芥蒂，或许是政敌的裁抑，虽历经数年，荣禄始终没能恢复以前的级别和地位。不仅如此，光绪十七年（1891年），荣禄还被遣离了清廷的权力中心北京，被远远打发到了西安，出任西安将军。任内，他组建了一支由500人组成的来复枪营。荣禄自然不会甘心，他时刻梦想卷土重来。在陕西，荣禄结识了后来的北洋军之一——甘军领导人董福祥，当时董福祥正在甘肃提督任上，他曾跟随左宗棠收复阿古柏侵占的领地，挫败沙俄南下的阴谋，是晚清社会著名的军事将领。两人一见如故，并且结为兄弟。董福祥出身贫寒，为一介武夫，没有读过什么书，一切均唯荣禄马首是瞻。

光绪二十年（1894年），正值慈禧六十大寿，荣禄抓住这千载难逢的时机，带着成箱的财宝，借为慈禧祝寿的机会，再次入京。凭着他与慈禧的“老关系”，再加之他的善于逢迎，他又一次赢得了慈禧的欢心。近20年的官场升沉的经历，磨去了荣禄的锋芒棱角，也使他懂得了一个再浅显不过的道理：在光绪朝，要想保住已得的权位并获得更高的权位，那就必须紧紧地依靠慈禧。为了获得慈禧的眷顾，他在慈禧宠监李莲英跟前花了大量的银子，终于渐渐地改变了慈禧对他的印象，荣禄逐渐成为慈禧的亲信大臣。

从西安将军的任上回到了北京这个权力中心，任步军统领，再次升任兵部尚书职。这里面的权力斗争又给荣禄上了生动的、难忘的一课。

荣禄与翁同龢二人本是拜把子的兄弟。光绪十七年（1891年），沈桂芬乞假归家。沈桂芬当时在朝中颇负盛名，为荣禄所忌。正好山西巡抚出缺，荣禄乘机入见慈禧，力保沈桂芬授山西巡抚，其实是想将其排挤出中枢。命下之时，举朝震惊。当时翁同龢就此事询问荣禄，荣禄在“弟兄”面前也未加提防，说：“吾言诸太后，遂有是命。”翁同龢很不高兴，就去把此事告诉了另一军机大臣李鸿章，李鸿章也十分气愤，二人谋划着报复。说来也巧，数日后，西安将军出缺，李鸿章以眼还眼，“力保荣禄”，就这样荣禄被任命为西安将军。荣禄哑巴吃黄连——有苦说不出，自此对翁同龢怀恨在心。这为后来在戊戌维新的过程中翁同龢被革职埋下了伏笔。

不管怎么说，荣禄是回来了。他这次卷土重来很快就确立了在太后党集团中的核心地位，成为慈禧的左右臂，在其后的甲午中日战争、戊戌维新、庚子事变等历次重大的历史变动中扮演着极其重要的角色。

荣禄回京之时，当时中央由翁同龢因帝师而手握重权。而在地方李鸿章因为创办洋务而权倾朝野，是最大的地方实力派。荣禄新来乍到，还没有实力向他们的权威发起挑战。但他认准了慈禧这棵大树，死心塌地地为其效劳，他在等待着时机，只要时机一到，他就会取而代之。

而甲午中日战争爆发为他提供了这种机遇。当强敌入侵之时，而腐朽透顶的清政府乱成一锅粥，上下人各一心，各打各的算盘。清廷内部很早就有“南北派”之分。南派包括翁同龢、潘祖荫、沈桂芬、王文韶等；北派有李鸿章、文祥、徐桐等。翁同龢、潘祖荫为南派之领袖；李鸿章、徐桐为北派之领袖。“盖太后袒北派，而皇帝袒南派也。当时之人，皆称李党翁党，其后则竟名为后党帝党。”帝党成员骨干是清流派的一些人物，多为词馆清显、台谏要角。他们自视清高，却无权无势，不是后党的对手。后党的成员则大都是京中的三公贵戚文武百官和京外的督抚藩臬，阵营整齐，实力强大。

当时慈禧作为事实上的最高统治者，正忙着准备自己的六十大寿，无暇顾及迫在眉睫的战事。她怕战争影响自己的庆祝活动，因此一味避战求和，致使朝中上下一片求和之声，严重影响了抵抗派的士气。而作为战争实际指挥者的李鸿章知道他苦心经营30年的洋务事业是不值一战的。他把希望寄托在列强的调停上，企图通过英、俄等国的干预而避免战争，因此也一味消极备战。直到开战前夕才如梦方醒，仓促应战，致使处处被动。甲午一战，中国丧师失地，为近代之最伤心之国难痛史。

甲午战争的失败，完全是“人祸”造成的，而慈禧应负主要责任。慈禧为大修楼台殿宇所挪用的海军经费可以再增加两支原来规模的北洋舰队。而当甲午战争的战火已经燃起的时候，慈禧还在大肆铺张，忙着做她的六十大寿，有人上奏要求她寿诞从简，节约宫中的开支补充前线的军费，她竟然恶狠狠地说：“谁要是令我一时不快乐，我就要他一生都不快乐。”她令大小官员都要交纳报效银，已收到报效银120余万两。光绪帝忧心忡忡，在忍无可忍的情况下，他终于第一次对慈禧太后犯颜直谏：“请停颐和园工程以充军费。”于是引起慈禧太后的不满。这样一个腐朽的王朝怎能不亡呢?

甲午战争失败后，李鸿章成了最大的替罪羊，举国皆曰可杀，从此他渐渐淡出了权力的核心层。李鸿章的失势，为荣禄登上权力的巅峰扫清了最大的障碍。而随后翁同龢也渐渐失去了光绪的信任。早在甲午战争之前，掌握国家财政大权的翁同龢为了同李鸿章争权，就在经费的拨付上阻碍了北洋海军的建设，战争期间又大造舆论，使负有战争指挥之责的李鸿章动辄受咎，其后又利用中国的败局无端地指责李鸿章，自己赢得“主战爱国”的美名。他为了一己私名，为了排挤李鸿章，竟视国家大事为儿戏。李鸿章失宠之后，翁同龢一手遮天，达到了他不可告人的目的。翁同龢的虚伪蒙蔽了包括光绪帝在内的许多人。戊戌变法前夕恭亲王奕䜣病重，慈禧太后偕光绪帝前去视疾，光绪皇帝在恭亲王病榻前，询以"朝中人物，谁可大用"。恭亲王说：在此国势维艰的时代，有两个人皇上可以考虑，一个是李鸿章，另一个是张之洞，有此二人，大清的国势，或者可能不至于江河日下。光绪皇帝听了这话，不禁大惊，说："恭王以为翁同龢如何呢?"恭亲王忽然老泪纵横，勉力撑起老病之身，一字一顿地说："是所谓聚九州铁不能铸此错者!"他给了翁同龢八个字的评价："居心叵测，怙势弄权。"恭亲王的抱疾论翁，极大地震撼了光绪皇帝的心，他对翁同龢有了另外一种看法。戊戌维新之时，翁同龢首先被逐，这不仅仅是由于慈禧的逼迫。

翁、李二人的失势，最大受益者是荣禄。李鸿章失势之后，荣禄继任为直隶总督兼北洋大臣，还特别被赋予了统率北洋三军之权。成为清王朝最有实权的大臣。

在甲午战争中，荣禄是积极主张抗战的。当日军在朝鲜摧毁了清军后，兵分两路发起了对中国辽东半岛的进攻。清军军无斗志，一溃千里，辽东重镇相继失陷，情况十分危急。当时慈禧一味避战求和，而荣禄上书极力主张抗战。山海关"内外防军失利，京师震动"，荣禄疏陈"急固根本之策"，他说"驭夷不外和战二策，然必先以守战为本，而后能以和蒇事。……用兵不外战守二事，然必先以守为根本，而后能以战施功"，建议"特设巡防局，领以亲王，专决军务，简大臣督理五城团防，以安辇毂；选强将，统重兵驻京畿以备缓急"。他提出的几项措施，被清廷一一付诸实施。荣禄再授京师步军统领，受命拱卫京师。朝廷先是令其会同商办军务，不久又命在总理各国事务大臣上行走。

对于甲午战争的惨败，荣禄也受到了极大的刺激。面对甲午战后中国愈益贫弱、民族危机日益严重的局面，他主张练兵自强、雪耻复仇。由于战争的失败，中国被迫割地赔款，签订了丧权辱国的《马关条约》。中日战争的结局，也给资本主义列强以强烈刺激，列强加快了侵略中国的步伐，战后迅速掀起了瓜分中国的狂潮。中国到了危机存亡的紧急关头，不愿做奴隶的中国人民发出了救亡图存的吼声。而在清统治集团内部，还有那么一些人仍做着“天朝上国”的迷梦，醉生梦死，不思振作。荣禄对于当时中国所面临的险恶局面是有着清醒认识的。他在给清廷的上疏中指出：“国家自从去年败于日本之后，示弱天下，各国都知道我们的实情，不遵守条约，乘机肆意要求，拒之不能，争之不听。”时事艰难，已经到了最严峻的时刻。他极力主张改革图强以御外辱。

诚然，在清朝统治集团中，对当时国家所面临的严重威胁有清醒认识的不乏其人。然而对于如何解决战后危机却有许多不同的争议。像李鸿章这些人主张“结强援，立密约”，还幻想着通过与沙俄结盟来抵制其他列强的侵略。这种意见在朝中很有市场。清政府要亲俄，俄国自是求之不得，大肆扩张其在华势力。甲午战争后，沙俄乘李鸿章赴俄祝贺俄皇加冕典礼之机，同他订立了《中俄密约》。《中俄密约》表面是中俄两国共同针对日本的盟约，实际不过是俄国以此为幌子来实行控制我国东北的阴谋。当李鸿章等人还沉浸在“此约可保中国二十年无事”的梦幻中时，沙俄又把它的军舰开进了旅顺口，接着又逼迫清政府签订条约，以租借的名义强占了旅顺、大连。沙俄的步步进逼，并没有使亲俄派清醒，他们仍然以不断满足沙俄的侵略要求来维持中俄间的所谓同盟关系。荣禄对于亲俄派执意联络俄国的政策十分不满，他上疏指斥沙俄的种种欺骗行径：“曩者，日本议款于辽东九城，要我割让。俄人约德法二国仗义执言，有迫日还辽之举。议者遂谓俄人昵我，多欲引为奥援，国家降心相从，许其筑路于东三省，行船于松花江，报俄者不可谓不厚。原欲假其势力，藉弭各邦之侵侮。乃德事方兴，始称调拨兵船，相助镇摄，继则援助之义，寂然无闻。西报多谓德法二主，今岁咸赴俄都联盟合从以图我。”“九月，彼得堡俄报，亦谓三国当坚持己见，以相索请。未几即有青岛之役，是三国协以谋我之情形已可概见。”荣禄认为，将国家的安危系于中俄同盟，是荒谬而不现实的。他的结论是：“目前之策，莫如求自强，自强之策，莫如多练兵。”“治国之道，惟在兵强，无不可复之仇，无不可雪之耻。”荣禄这种将复仇雪耻的愿望建立在自身自强基点上的主张，无疑是正确的。

荣禄作为晚清重臣，在甲午战争以后主张在保留封建统治的前提下，对传统的制度作一些改革。荣禄对自己在戊戌变法中的政治立场有着很清楚的表述。在慈禧召集一些大臣讨论新法和旧法的利弊时，荣禄曾说：富强之道，不过开矿、通商、练兵、制械，其他大经大法，自有祖宗遗制，岂容轻改？荣禄在与康有为辩论时也声言：“祖宗之法不能变!”荣禄的这一立场，决定了他在帝党和后党的激烈斗争中，必然要坚定不移地站在慈禧一边，抛弃前嫌，与顽固派携手合作，共同反对康梁和帝党推行的维新改革，维护已经病入膏肓的封建专制制度。即便如此，荣禄在戊戌变法期间所言所行，与顽固派还是有区别的。多年来我们对荣禄绞杀新政的事实耳熟能详，而对于他主张改革的一面所知不多，这不利于我们全面地认识荣禄其人。

光绪二十一年 (1895 年)，荣禄获迁兵部尚书。战后，他曾疏荐袁世凯用西法练习新军，即“新建陆军”。担任兵部尚书、协办大学士后，又疏请设增练新兵，调甘肃提督董福祥入卫京师。至此，荣禄总算如愿以偿，既恢复了原来的地位，又回到了清廷权力中心，也回到了慈禧的身边。

军事改革，经营有功

光绪二十四年（1898年）的春天对清政府来说是一个极不平常的春天。甲午战争使清朝统治阶级内部的一些人进一步警醒，以光绪为首的清朝统治者，也产生了维新政治、改革图强的要求。但德国侵占胶州湾而引发的瓜分中国的狂潮，打破了统治集团那种循序渐进、逐步变法的梦想，统治阶层中越来越多的人开始认识到，列强要瓜分中国，西方各国并不希望中国振兴。时不我待，变法还是亡国？这是一个亟待回答的问题。对这一问题不少人提出了自己的改革构想。

以康有为、梁启超为首的资产阶级改良派加快了变法维新的步伐，以"公车上书"为起点，维新改革的声浪不断高涨。随着维新改革运动的深入发展，在清统治集团内部逐步分化出两大阵营：以翁同龢为首的帝党官僚支持康梁维新变法；以徐桐为首的顽固派官僚，坚决反对任何哪怕是一点微小的改革。当然，在帝后两党权力斗争的背景下，变法与否还牵涉到权力的重新分配的问题。后党反对变法正是害怕损害自己的既得利益。

1898年6月11日起，光绪帝颁布《明定国是》诏，是近代中国变法过程中的代表性事件，从这一天开始，至9月21日，戊戌变法，共计103天，史称"百日维新"。在此期间，统治阶级中的各个派别根据自己对变法的理解而对"明定国是"诏采取了不同的对策，从不同的角度提出了变法的建议和方案，慈禧太后和光绪皇帝则从维护自身统治、建设富强国家的角度，不断发布指导性的上谕，同时对有关官员所上奏折根据不同情况，作出不同处理并发布操作性指令。这里面，还夹杂着激烈的帝党与后党的权力之争。

当光绪皇帝颁布了第一道变法诏书后不久，慈禧太后便意识到光绪皇帝权力的增强及其自主行事乃是对她的威胁。

变法开始以后的第四天，即6月15日，光绪皇帝在颐和园连发五道谕旨，其中第三和第五道涉及重要的人事变动：翁同龢开缺回籍，直隶总督王文韶调京，新任大学士荣禄调署直隶总督。王文韶入京，主要是为填补翁同龢开缺回籍后所留下的空缺。清代，满汉高级官员的任免基本遵循着一条不完全成文的规定：满汉官员基本保持平衡，中央各部尚书满汉各一、侍郎满汉各二，地方总督、巡抚也大体保持这种平衡，尽管鸦片战争和太平天国革命后汉族在地方督抚中占有越来越多的优势。现在，开除了一个翁同稣，相应地调补进一名汉族官员来替补翁同龢所留下的空缺或担任类似于翁同龢所担任的重要职务，才不至于打破原有的平衡而引起外界的揣测。当时的汉族官员中，只有直隶总督王文韶在资历、威望等方面可与翁同龢相比，可接任此职。

至于调荣禄署直隶总督，表面的原因是要补王文韶所留下的空缺，深层原因则是北洋权重，对政治全局有着举足轻重的影响。慈禧和光绪另外又有着不同的考虑。直隶总督握军事、外交、经济 (通商、洋务) 等重要权力于一手。自清政府设置直隶总督开始，这一官职基本上均由满族官员担任。然而这样一个重要岗位，在太平天国革命以后却落到了汉族官员曾国藩手中，曾国藩死后又落到李鸿章手中。对此，满族亲贵中早已有人表示不满，但无论从战功上，还是从才能上，都找不出一个可以与之匹敌的满族亲贵来取而代之。现在，机会来了，终于找出了一个无论资历、才能、功勋都可以与王文韶比试高低的满族官员——荣禄。

而这一举措，在时人眼中也得到认可。选择这样一个既有长期领导军队、编练新军阅历，又有长期在朝廷和地方政府任职经历，又具有新眼光的满族贵族来担任直隶总督之职，既能使各方面接受，又可控制整个京畿地区的局势，外与各国交涉，阻止外国军队因苛求未遂而可能向京畿地区发起的进攻，保证京师的秩序和安全。光绪皇帝于6月27日所发上谕汇总指出："直隶为畿辅重地，凡吏治、军政一切事宜均应实力讲求。至外洋交涉事件，尤关重要。荣禄办事向来尚属认真，惟初膺疆寄，情形或未周悉，务当虚心咨访，切实图维，……力为其难，不负委任也。"可以看出，光绪帝对荣禄也是抱有很大的期望。

至于慈禧同意调荣禄任直隶总督，则在很大程度上出于一己的政治贪欲。她看中了荣禄掌握的武装力量。和平时候，武装力量没有显现出有多大的重要性，但在激烈的政治斗争中，没有武装力量却万万不能。变法刚刚开始，翁同龢即被罢官免职，朝廷中发生重要的人事变动，暗示着这场变法的艰巨及其未卜的命运，同时这更表明无论什么时候，慈禧永远是位高明的权术家。6月15日的诏书构成了一次政变，它的重要性在于即使不是真正废黜了，也实际上废黜了皇帝。当时朝政上极具影响力的人物恭亲王奕䜣已于5月29日病逝。奕䜣帮助慈禧登上垂帘听政的宝座后，成为清廷最有势力和影响力的人物，引起慈禧的猜忌。此后，慈禧一直视他为政敌，处处找碴儿攻击他，后在1884年中法战争中，慈禧借御史参劾之机，以"委靡因循"为借口，将奕䜣停职，让他在家中养病。甲午中日战争爆发后，在光绪皇帝的授意下，在翁同龢、李鸿章等人的安排和文廷式、张謇等人的大力串联活动下，终于迫使慈禧太后于九月底召见已经赋闲20多年的奕䜣，基本恢复了奕䜣被革以前的所有职务。光绪皇帝和翁同龢等人之所以在中日战争爆发后力主起用恭亲王奕䜣，本来是指望依靠恭亲王的功勋及其在皇族中特殊的地位（道光皇帝之子、咸丰皇帝之弟、光绪皇帝之伯父），以及他同慈禧太后的纠葛来遏制慈禧太后和主和派刷新朝政，扭转战局。但复出后的奕䜣本已病魔缠身，又适逢甲午战争、胶州湾交涉和各国竞相瓜分中国的狂潮，外患日深，内忧接踵，奕䜣身处要冲，焦头烂额，病情逐渐增剧。更为糟糕的是，慈禧太后对复出后的奕䜣，表面上以礼相加，实际上却抓住一切机会从心理上对奕䜣进行打击折磨，终于使奕䜣一病不起，于光绪二十四年四月初十

（1898 年 5 月 29 日）长辞于世。

恭亲王的死，已经使光绪皇帝失去了一位老一辈的庇护者，而慈禧太后接着又胁迫可怜的年轻皇帝革去了他的最忠诚的支持者翁同龢的官职。翁同龢被罢后，慈禧随即召荣禄进宫。慈禧有意让荣禄接替翁同龢之职，但荣禄竭力辞谢了，他的理由是罢免了一名汉员，宜再补一名汉员，于是王文韶调入枢廷。此时的荣禄非常清醒地知道北洋三军对他的重要性，于是他对慈禧表示愿意接替王文韶的职位。这样他便可以完全统驭直隶境内的北洋三军，并以北洋陆军来镇制京师。而且，宫廷内帝、后之间的矛盾日深，他正好借此暂时避开这块是非之地，静等观望。他对慈禧讲："皇上现在任用匪党，难保日后发生变乱，京津近在咫尺，如变乱，可速调北洋陆军以资节制。"这就等于向慈禧表明了心迹，虽然光绪帝信任他，但他却是替慈禧卖命效力的。慈禧听后，略略思索一下，便点头认可。这样，1898 年 9 月底，荣禄受命接替王文韶之位，允其全权节制北洋海陆军，慈禧又授他文渊阁大学士衔。因此，至少在名义上，荣禄是清末最具实力的大臣之一，"身兼将相，权倾举朝"，成为慈禧身边的决策性人物。

翁同龢

荣禄是戊戌变法时期举足轻重的人物。荣禄作为后党核心成员，他也认识到唯有变法才能使中国摆脱危亡，因而并不是笼统地反对变法。但他并不赞成康梁的变法，他在变法的执行者、变法的步骤和变法的内容等方面，有着另外的变法思路。他认为变法不能由康、梁等维新派来实行。荣禄从一开始就对年轻气盛的康有为抱有成见。在维新之前，荣禄与其他五大臣一起，奉旨召见康有为。在召见之前，荣禄曾轻蔑地对康有为说，像你这样的人，也会有补于国吗？召见还没有结束，荣禄就先行退出。其实，这也不能全怪荣禄，当时康有为也有过于偏激之处。如当荣禄问康有为若王公大臣反对变法怎么办？康有为竟然回答说，只要杀一两个反对变法的大臣即可。这怎能不引起顽固派的疑忌？史家以此认为荣禄是反对变法的。其实这条理由是站不住脚的。荣禄对于变法的态度是一以贯之的，他认为法可变，但要循序渐进。早在光绪皇帝任命林旭等四人为军机章京时，荣禄就致信林旭，主张变法改革应从补偏纠弊下手，不要遇事纷更。戊戌政变后，荣禄在给伊藤博文的信件中说，中国应以整军丰财、力图自强为急务，但中国积弊难改，若操之过急，如同病人用药过量，不仅不能治病，而且还会使病情加剧；如果进行稳步渐进的改革，则如同虚弱之人饮服补药，效虽缓而有功。他以此评价政变之事，认为中国并非不可进行改革，关键是必须要有正确的变法次序。

有人说，既然荣禄曾经大骂新政，他当然不会对戊戌维新过程中的各种变法主张有好感。但事实恰恰相反。光绪二十四年（1898 年）五月，荣禄出掌直隶总督，正值百日维新的关键时期。在私人往来信函中，荣禄多次使用“朝政日新”“时局日新”等词语来评价当时的变法改革。赴任后，荣禄深感时艰责重，颇思有所作为。刚到天津任上后，荣禄即致信礼亲王载振，称地方河工百废待兴，加以强邻环伺，动辄挑起事端，依仗武力要挟，因而深感自己责任重大。早在光绪二十三年（1897 年），他就奏称：“外交之进退，须以军事作后盾。兵强则公法所不能拘，弱则盟约皆不可恃。”因此，他主张整顿军备，大练新兵。他的主张很得慈禧的赏识。光绪二十四年（1898 年）一月十六日，光绪皇帝召见枢臣，询问当时之急务，并流露出要变法的意图。

第二天，兵部尚书荣禄奏请参酌中外兵制，设立武备特科，培养新式高级军事专门人才。总理衙门积极支持他的这一建议。而对于荣禄等人所奏武科考试新旧各半的建议，奕䜣认为，科场大典“既明定章程，改试枪炮，若仍参用旧制，则是新章虽经厘定，旧技不必尽捐。人情狃于守旧，难与图新，必至用枪炮就试者不敷中额”。实际上，刀、矛、弓箭等武器，已远远落伍于西方的“枪炮世界”，应彻底废除，武科考试应全部改试西式枪炮等技艺。

荣禄变法思想中的核心部分在军事方面。荣禄先后担任过神机营翼长、总兵、步军统领、将军、兵部尚书。多年的军旅经验使他对军队的弊端十分了解。当时清朝的兵制仍不愿放弃八旗、绿营制。但这些军队早已腐朽不堪，没有一点战斗力，只是银样镴枪头——中看不中用。在多年军事实践的基础上，荣禄痛感当时局面日危，外侮纷来，不改革军事是万万不行的。再加上凭着自己灵敏的政治嗅觉与对军权的认识，荣禄感到在越来越动荡的时日中，掌握一支强有力的军队是他今后政治生涯中的主要依靠了。为此，训练一支强大的军队，掌控军权，成了荣禄的核心工作。

他在给朝廷的上疏中说，现在都已是枪炮的时代，而我们还在用传统弓箭的方式选拔人才，这样的军队怎么能打仗！为此他建议，按每县每年二百名应试武童统计，那么全国有三四十万人，这批人如果教练得法，就会改变老弱滥竽充数的状况，切实加强清军战斗力，避免士兵大批逃亡的现象，防止良民转为盗匪。

教习方法是，将这些应试武童，于各省延聘精通洋操之教练数十人，就地进行训练，一年之后，即可练成精兵。两年后于应试武童中挑选材武聪颖者，进入各省所设武备学堂，学习地理等近代科学知识，分炮队、枪队、马队、工程队诸科目。学习三年期满，由督抚进行考试。考试名列优等者，作为武举人。再将这些武举人，送京师大学堂学习三年，再由钦派王大臣考试，考试名列优等者，选为武进士。武进士要经过廷试，由皇帝亲自考其技艺、方略。合格者即可分派侍卫、守备。并规定哨长以上军官，均用此项武举人、武进士充补。

荣禄认为，模仿西方兵制，选任将才，于国实有裨益。荣禄的这个建议很受光绪重视，光绪帝命令有关衙门，立即讨论此项建议。在其后的百日维新期间，武举终被废除，各省武备学堂相继设立。这和荣禄的上疏不能说没有关系。对于军队的训练方式，荣禄也主张进行大刀阔斧的改革。他在百日维新期间再次上折，明确地指出：练兵为第一大政事，而练洋操尤为重中之重。他认为，拯救危局必须练成劲旅，而要练成劲旅，就必须从改练洋操下手，非改习洋操，难以破除积习。他主张以列强训练军队的方法，来训练各省绿营、勇营。他还提出了具体的训练办法。他的训练方法的核心是更换旧章，参用新式。根据他的估计，这样一年全国可练洋操 20 余万人。至于各县所需教练，荣禄提出了切实的解决办法。他说，天津新建陆军、江南自强军，均系德人教练，如北省勇队改练洋操，可由新建陆军酌拨营哨之学成者，分往教练；南省则由自强军酌拨营哨教练，营规口号，如出一辙，似较易为功。荣禄认为改练洋操的目的是为了达到步伐整齐、号令统一、枪炮精良、施放有准，从而切实增强勇营战斗力。在经费方面，他指出，练兵首先要统筹全局，核计所需，先由朝廷定议，然后责成各省筹办。各省要慎选教练，根据经济能力，先从营勇开始教练，然后再总结经验，半年后可推广到绿营和民团。

要改练洋操，有许多相关问题需要妥善处理。关于延聘外国教练，荣禄认为应宽以时日，如各省一律延聘，不仅开支浩大，而且容易出现意气不投、语言不通，终有隔阂之感。最好的解决办法，是从天津新建陆军和江南自强军中，选拔学习成绩优秀者，分别派送北方、南方各省，充当教练。

改练洋操，军械枪炮的选择当然极其紧要。荣禄指出，中国许多省虽有制造新式枪炮的机器制造局，但精钝不齐，规格不一。从外国直接购进的枪炮也难免新旧夹杂，名目繁多。因而荣禄主张各省机器制造局，应统一规定快枪快炮的格式，以及枪子炮弹的分量、造法。

改练洋操需相应裁减兵丁。荣禄指出裁遣兵丁，应作好善后事宜。

他认为，最好的办法，莫过于择地屯垦。这既能达到裁员的目的，又不致使被裁人员生活无着，流落到社会上为盗为匪，从而影响社会安定。

荣禄改革军事的同时，大力整顿保甲，并要求在沿海各地联络渔团，以辅助正规军兵力之不足，达到保境安民的目的。在整顿保甲方面，荣禄提出三条主张：一、损益旧章。牌、甲、保长应专其责成，只须稽查匪类，不再负责征派赋税等其他各项公务，以避免博而不专、假公济私等弊端。各村要实行联庄之法，以声势联络，首尾相应。二、剔厘积弊。荣禄指出过去办理保甲，往往借机向农民征派册费、牌费等种种陋规，造成民户的负担加重，人民怨声载道。保甲制度也徒有虚名，难有实效。因此，应将所有不合理的收费严行禁止。各地方要广泛吸纳公正乡绅与地方官员协商办理公务。三、明定赏罚。办理保甲有实效的人，要予以奖赏，以资鼓励；奉行不力的人要予以惩罚，以示警惩。

荣禄不仅关心如何提高陆军的作战能力，而且也对中国海军力量的落后十分忧虑。他认为，陆军练成后，还需要通铁路，只要海军作其羽翼。中国经过中法战争和甲午战争，海军力量丧失殆尽。荣禄看到中国海军力量的薄弱，东南沿海易为列强觊觎，而以前各地制造厂、制造局大多布局在沿江沿海一带，易于遭受列强攻击，必须未雨绸缪，转移到内陆地区。荣禄的看法是有一定远见的。他的改革军队的对策应当说还是切合实际的。

大约在光绪二十一年（1895年），张之洞（汉族官吏和改革家，官至大学士和军机大臣），在南京和武昌建起几营采用西方装备训练的军队。同时，荣禄举荐袁世凯在直隶主持训练新军，这标志着袁氏军事势力的发端，并为北洋军事集团奠定基础。除袁氏新军即“新建陆军”之外，在荣禄的主持下，另扩建三支军队：即宋庆（山东蓬莱人，清末著名将领）的毅军，董福祥的甘军，聂士成的武毅军。这就意味着荣禄掌握了清末最具实力的军队。

竭心尽力，谋施新政

许多材料都表明，在戊戌变法期间，荣禄作为直隶总督在其任上的改革是办得有声有色的。他对于新政的态度较许多督抚大员都要积极，取得的成绩也是较为出色的。列其大端者如文教、经济、海防等。

就文化教育方面而言，荣禄还在兵部尚书任上时，就认识到八股取士不足培育真才实学，提出中国非设学堂不可，并付诸实施。他于光绪二十一年 (1895 年) 在天津创设头等学堂、二等学堂各一所。光绪二十四年 (1898 年) 五月，荣禄就任直隶总督后，督饬地方官将辖境内书院改为学堂。其中在省会保定、北洋大臣驻节地天津设立大小学堂七处，然后再调查各府、厅、州、县情况，按地方繁简、书院大小，分立学堂。光绪二十四年四月，他在省城保定创设畿辅学堂，从外府州县选拔聪明少年四十人入堂肄业，作为正额，另选备取二三十名，俟有额缺，依次请补。学堂所设课程，正课除经史外，还有语文、外语、算术、格致等项。后来又将保定莲池书院改为省会高等学堂，而将新设的畿辅学堂，改为保阳郡城中等学堂。

在课程设置方面，荣禄要求这些新办的学堂中西并重，每所学堂都要学习外文。荣禄仿照京师大学堂，在天津高等学堂设编译局，应编写中、西学课本。西学课本将算数、格致、外国舆图、史鉴、工程矿学、声光电化等书，按照西方国家的学制，分为博通学、专门学两种，译成课本，颁发给各个学堂作为教材使用。省府学堂还严密分科，购置测绘、格物、化学等相关仪器。

荣禄改书院为学堂的变法举措，在当时各省中是比较彻底的，收到了较好的效果，吸引了一大批考生。

荣禄不仅在直隶大力推行文化教育方面的改革，而且对其他各省的相关改革也颇为关注。张元济在北京筹设通艺学堂，因经费问题请求荣禄协助，荣禄在直隶经费也比较困难的情况下，每月都捐款资助。戊戌政变后，荣禄仍重视此方面的改革。光绪二十七年（1901 年），学部尚书、管学大臣张百熙筹办宗室觉罗八旗学堂，曾由荣禄先为陈请，由于他的奏请，很快获得批准。开办时因经费问题，张百熙又极力函请荣禄主持。荣禄因而博得支持新学的美誉，以至于不少地方官员在开办学堂时，总希望得到荣禄的指教和帮助。

变法方方面面都需要人才，所以荣禄非常注重人才的培育和选拔。李鸿章说荣禄爱才若渴。荣禄到天津任直隶总督后，深感责艰任重，时时以搜寻贤才为重，疏荐中外贤杰、通达中外治体者十余人，这其中许多人都成为新政的积极推行者，像鹿传霖、陈宝箴、黄遵宪等人，无不是名重一时的维新人物。

荣禄在推行变法中还有许多颇有魄力的举动。清政府经甲午战役，丧师赔款，国家元气大受损伤，财政状况日趋恶化。为了节省开支，荣禄下令裁汰北洋海军的冗员，限令各个部门十日之内将自己所管辖之冗员据实上报，以备裁汰。这在当时是需要很大勇气的。

荣禄在经济方面也积极进行改革。商业作为维新的一个重要的内容，荣禄对此十分重视。为此，他遵旨设立了农工商局。荣禄认识到农工商是国民衣食之源，同时也是富强根本之所在，因此应当大力讲求。荣禄对于这方面的改革可谓颇费心机。设立农工商局，这在当时是个创举，必须加以诱导，才能广开风气。在具体兴办的过程中，农业方面，荣禄最重视水利建设。他推广直隶原有水利、屯田两局，疏浚河道，构筑水闸。他还十分注意引进新式农具，并推广化肥的使用。同时开设农务学堂，延聘中外精于农学人士，挑选学生到学堂学习，并大量购买、翻译、刊布上海农学会报和中外各报有关农业的内容，以推广先进方法。工业方面，则以制造机器、抵制洋货为根本。大力兴办工厂。除原有的火柴、制砖、机器磨面、西门得土、织绒织呢等厂外，荣禄又因地制宜，就天津出口大宗物资如毛货、生皮、牛羊骨脂料等，分别招商集股，开厂制造。民力不敷，由官府筹款维持。相应开办工艺学堂，还别出心裁地筹办工业赛会，将各厂

荣禄书法团扇

制造的商品分门别类，以让人们观摩学习。民间有什么新的发明创造，官府给予支持，并报总理衙门申请专利。最后，商务以资本充足，搬运宜事事得占先机，为制胜之道。资本和运输是现代商业的重用要素，当时人能明白这点是难得的。此外又由商局出面组织各业巨商和地方绅富设总商会，不定期聚会以讨论货物的供求状况、市场行情等。如果有像水火公司、保险公司等能够获取大利，但一个人经办困难的事业，则由总商会联络各方通力合作。总商会还要关注外商的经营情况，创造良好的经营环境。交通方面，当时天津的水陆运输、铁路运输都是比较发达的，但荣禄因天津海河淤浅，轮船不能上驶，影响商务，派员协同外国工程司疏浚。同时又大修公路。荣禄还议办开矿事宜。他考察到直隶的顺德等县产煤地区濒临交通要道，当时正筹办芦汉铁路，以上地区为铁路必经之地，只要铁路一通，就可以解决煤的运输问题，而该处附近银铁各矿，亦可逐渐添办。这些新政的举措涉及面广，可行性强，可见荣禄实施这些政策是进行过精心准备的。这对于作为后党成员的荣禄来说是十分难得的。荣禄对于新政的诚意应当正视。不能因人废事，对其所开办的新政视而不见。

作为实总其责的大员，荣禄认识到变法是挽救危局的唯一选择，但在实际推行过程中，荣禄对变法的困难和情况的复杂有较深的体会。他明白自己的变法主张和措施未必周备，而当开办伊始，西法之精者有不能不学，然恐难骤然学步，应实行稳妥、渐进、有步骤的变法。他在给各地地方大员的信中也一再表明这个观点。如荣禄在致甘肃宁夏道胡景桂的信中，就甘肃、新疆准备筹巨款兴屯开矿、修铁路、抽盐厘，并于黄河行驶轮船一事发表看法，他认为上述做法当然是开拓利源之策，但他认为变法要考虑到当地人民的实际承受能力，不能够过形督责。荣禄对于改革稳妥性的强调也不能说没有道理。

荣禄对于变革的支持是一以贯之的，戊戌政变后荣禄继续主张变法改革，他认为“乱党既已伏诛，而中国一切变法自强之事，亦当择其紧要者次第举行”。而刚毅等人主张新法万不可用，维新党人应摒斥一空，荣禄以中外情势与之反复辩论。可见，荣禄变法的初衷并未因政变的发生而改变。在政变后不久清政府就以上谕的形式宣布继续变法，这其实是荣禄一手促成的。

赴京告密，千秋功过

百日维新，慈禧名为放手，实际无时不在关注控制，维新派的改革是对传统的封建顽固势力的一次严重挑战，引起顽固派极大的恐慌和仇视，一些假维新派也惴惴不安。以慈禧为首的顽固派，叫嚣“宁可亡国，不可变法”，自恃有沙俄的支持，不顾一切阻挠改革，他们和李鸿章为首的洋务派在保护封建制度这一点上联合起来，诋毁维新派，大造反动舆论，并准备使用暴力扼杀变法。维新派不依靠群众，完全指望光绪帝自上而下地发布命令，实现改革。而慈禧在人事调整完成后，即谋划将维新变法扼杀在权力的血光之中。翁同龢被罢后，同光绪帝接近的朝廷命官也到处躲避光绪。孤零零的光绪帝无所依靠，无计可施，变法一下转入低谷。在这危机时刻，康有为开始谋划争取军队控制权的行动，上书光绪重用袁世凯，以防不测。光绪即于 1898 年 9 月 11 日发下上谕："电寄荣禄，著传知袁世凯，即行来京陛见。"接到电谕后，袁世凯即刻赴京。9 月 16 日，光绪帝在颐和园召见袁世凯。维新派想通过光绪帝对袁世凯的召见和提升，使袁世凯脱离荣禄的辖制，效忠光绪帝，进而谋杀荣禄，控制军权，震慑群臣，强行变法。但不冷静的康有为的自作聪明，加之年轻的光绪帝在政治上的不成熟，使本来已经十分紧张的政治形势猛然恶化。

荣禄与慈禧都是政治上极机警的人，光绪帝召见袁世凯，他们也绝不会无动于衷。这一上谕与以往发出的任何上谕都迥然不同，它的政治内涵太重大，太尖锐了，它可以一下就刺痛慈禧和荣禄最敏感的神经，因为这意味着国家的军队究竟由谁来控制的关键问题。慈禧对于光绪帝召见袁世凯的事情非常震惊，"神色迥异寻常"。荣禄又是如何呢？当光绪帝上谕电寄荣禄著传知袁世凯入京陛见之后，荣禄要与庆亲王奕劻密商对策，故而派专人，持密信，急赴京师。荣禄的这一动作正是袁世凯已到北京，正预备召见之时。荣禄的时间表与袁世凯行动的时间表如此配合，难道说真的是某种巧合吗？这之后，荣禄致函给董福祥："隐维大局、长城之望，非您莫属。"荣禄意在暗示董福祥作好准备，随时听候调遣。并且，电投袁世凯说英军多只兵船游弋大沽海口，已调集聂士成带兵十营到天津，驻扎陈家沟，命他即日回防，唯恐他在京受到维新派的煽动倒戈举事。

由于维新派的宣传，荣禄早已成为尽人皆知的后党首领。史学界一致认为后党发动戊戌政变的基本原因是，以慈禧为首的顽固派对光绪帝依靠维新派变法不满。可是对于发动政变的直接原因，也就是说，是什么原因促使慈禧不早不迟，偏偏在光绪二十四年八月初六日（1898

年9月21日）重新宣布训政的？过去比较流行的看法，基本以梁启超的说法为依据：9月18日，谭嗣同夜访袁世凯，说服袁世凯捕杀荣禄，袁世凯佯装答应。20日，袁世凯回到天津，立即向直隶总督荣禄告密。荣禄连夜进京，到颐和园向慈禧告变。有的说荣禄连夜发电报给慈禧告密。由于荣禄的告密，八月初六日（9月21日），慈禧从颐和园赶回皇宫，发动政变，重新训政。这样，政变遂在9月21日这一天发生。

其实，政变前一日，光绪皇帝召见袁世凯后，袁世凯立即赴车站，当他回到天津的时候，太阳已经落山，遂立即拜见荣禄，略述内情，话未说完，荣禄的两个心腹进来，因人多不便详谈，等到将近二更，仍未找到机会，袁世凯就先退去吃晚餐，并约定次日早晨再详谈。次日早晨，袁世凯把维新派的计划告诉荣禄后，荣禄大惊。但当时帝党和后党之间的斗争结局尚不明朗，荣禄和袁世凯需要继续窥测事态动向，权衡利弊，商量出一个既能向慈禧邀功请赏，又能不得罪光绪帝的稳妥之策，这样就未能在9月20日及时向慈禧太后奏报康梁"锢后杀禄"的计划。直到9月21日晚，戊戌政变消息传到天津以后，荣禄才派人进京奏报。另外，从9月20日夜二更以后（约22时），至9月21日卯刻（5时）上朝发动政变之间，只有七八个小时的时间，以当时的交通、通信条件和制度来推论，荣禄无论如何也赶不在政变前向慈禧告变的。当时颐和园与宫中均无设电报，无电可告。如果说荣禄电请总署转奏太后，那还能算告密吗？

由此可见，9月20日，荣禄确实不在北京，也不太可能当夜用电报向慈禧告密。关于荣禄在袁世凯告密后，即迅速亲自入京，向慈禧告变的说法，不过是梁启超等人的猜测之谈。实际情况是，9月21日晨，袁世凯向荣禄报告了谭嗣同夜访的全部内容。当晚，杨崇伊到天津向荣禄转告慈禧政变消息，荣禄特意招来袁世凯。22日，杨崇伊回京，带走了袁世凯告密的全部信息。他进京后首先向奕劻汇报，奕劻又立即转告慈禧。这说明，9月21日晨的政变与荣禄无关，荣禄是在政变已经发生，不告密则可能会因知情不报而受处罚的情况下才派人进京告密的。

虽然荣禄政变前并不在北京，也未曾在政变前向慈禧告密，但我们不能因此就否认荣禄在戊戌政变中的作用。事实上，荣禄直接参与了戊戌政变，是慈禧太后最为得力的亲信，是慈禧镇压维新运动的主要帮凶。

荣禄在百日维新期间被慈禧委以重任，在人们的印象中，荣禄是慈禧镇压维新运动的帮凶。于是“阅兵兵变”之说广为流传，一度被认为是信史。

所谓阅兵兵变，是指慈禧、荣禄等人，准备在光绪二十四年（1898年）九月，以到天津阅兵为名，发动军事政变，废黜光绪帝，从而达到粉碎维新运动的目的。关于“天津阅兵兵变”的记载，最早见于梁启超流亡日本期间所撰写的《戊戌政变记》中：当年四月二十七日，荣禄被任命为直隶总督兼北洋大臣。与此同时，慈禧还决定，九月份光绪皇帝要前往天津阅兵。“盖废立之谋，全伏于此日矣。”他还说，荣禄劝李盛铎奏请阅兵，实因与慈禧商定，企图利用巡幸之名，挟皇上至天津，然后依靠武力废立。

其实，梁启超的记述有许多自相矛盾之处。梁启超曾说，这年四月二十七日（6月25日），慈禧等人已经决定发动兵变、废黜光绪帝。但在《戊戌政变记》中，梁启超又记载：七月间，皇上将礼部尚书怀塔布等六人革职，于是怀塔布、立山等人，率内务府人员数十人，先后往天津投靠荣禄。废黜光绪皇帝的决定就是在这时作出的。这段记载同前文所述有明显的出入。即使按照梁启超的说法，四月份或者七月份，慈禧等人已决定废黜光绪皇帝，那么人们不禁要问：为何非得要等到九月份才采取行动呢？决定兵变的时间和采取具体行动的时间相隔数月，难道慈禧一伙就不怕夜长梦多吗？

由此可见，天津“阅兵兵变”说的可靠性颇值得怀疑！

慈禧一伙是否真的有必要去天津发动兵变呢？

慈禧一伙如果需要到天津发动兵变，那么情况应该是：朝廷和北京的军政大权已完全或大部分掌握在光绪帝和维新派的手中，慈禧已不能控制局面，因而只好借助于荣禄在天津的军队，在天津行废立之事。但实际情况是，当时光绪帝和维新派手中既无兵权又无政权，而以慈禧为首的反对派则拥有军政实权，完全有能力控制北京的局面，根本没有必要到天津发动兵变。当时就有人一针见血地指出：慈禧太后和荣禄只需在宫中下令调兵，废立之事即能告成。

其实，还有一些史实可以说明，天津“阅兵兵变”之说难以令人信服。比如，这年七月初八日 (8月24日)，清廷发布上谕，宣布慈禧和光绪帝天津之行的日程安排：九月初五日，由西苑起程，到南苑旧宫驻下；初六日，由旧宫出发到新宫驻下：初七日，由新宫出发到团河驻下；初九日，阅视御前大臣等马步箭；初十日，阅视神机营全队操演；十一日，阅视武胜新队操演；十五日，乘火车赴天津；二十五日，回京。而天津应行预备各项操演，待到南苑旧宫住下时听候谕旨。从中可以看出，从初五到十五日这十天的缓慢行程安排，实际与天津阅兵毫无关系。京津相距很近，如果要去阅兵，完全可以速去速回。若有兵变图谋，则需兵贵神速，更不能过分拖延。且上谕中并未提到具体的阅兵计划，而只是说待到南苑时听候谕旨。由此可见，慈禧对阅兵并不感兴趣。

近来有人进一步指出，有多种证据表明，天津“阅兵兵变”说，要么是康梁的一种担忧，而非确讯；要么完全为康梁的虚构。至少从时间上说，梁启超的说法与事实有出入，决定天津阅兵的时间是光绪二十四年 (1898年) 七月初八，而不是梁启超所称的四月二十七日。而且在决定天津阅兵之时，光绪与慈禧太后、荣禄的矛盾尚未尖锐到决定废立的地步。

既然天津“阅兵兵变”纯属子虚乌有，那么慈禧天津之行的真正意图何在？天津是华北通商大埠，繁华无比。热衷于奢侈豪华的慈禧，借阅兵之名而行游览天津之实，这不是不可能的。

狡兔三窟，保皇建储

维新运动被镇压下去以后，主张和支持变法的人物或被捕杀，或被迫出逃。光绪帝也被慈禧太后囚禁在皇宫西苑南海中的瀛台，在瀛台涵元殿过着名为皇帝，实则罪囚的生活。

其实，慈禧太后甚至连这么样的皇帝也不想让他当。传说慈禧不让给光绪帝送吃的东西，当其得知有太监看到光绪帝饥饿难忍，把烧红薯送给光绪帝充饥时，她竟下令将这位太监处死。结果，堂堂大清帝国的皇帝被活活饿死。然而，戊戌政变以后，光绪帝的皇帝名义毕竟被保留下来了。这当然不可能是慈禧太后一时的大慈大悲，而是荣禄等人努力争取的结果。

从情理上看，荣禄有必要保全光绪皇帝。

作为封建官僚，忠君的观念是根深蒂固的。在慈禧与光绪之间争夺权势的斗争很尖锐的情况下，作为臣子，两边是都不敢得罪的。当然，两边都不得罪，这是最安全的。虽说后党掌握实权，光绪帝是傀儡，但毕竟光绪帝才 30 多岁，而慈禧太后已经是 60 多岁的老太太了，慈禧死后，还是光绪掌大权。所以他们不能不给自己留条后路。谭嗣同对袁世凯剖白了“锢后杀禄”的计划，袁世凯由于认为该计划并非光绪帝的决定，而纯属维新派的阴谋，所以他才赶回天津向荣禄告密，目的是出卖维新派，向后党顽固派邀功请赏，又可不伤光绪皇帝。当然，袁世凯向荣禄告密后，荣禄、袁世凯二人都不能不考虑，光绪皇帝虽然未参与“锢后杀禄”密谋，然而维新派的游说活动却是光绪皇帝支持的，所以维新派的密谋被揭露以后，光绪皇帝不可能完全摆脱干系。一旦光绪帝因此而被废除，那还是他袁世凯和荣禄告密的结果，必然会深深得罪光绪帝，将来万一光绪有重新掌权的机会，他们还会招来杀身之祸。所以，他们不能不给自己留后路。

从史实上来看，荣禄确实有保全光绪皇帝的行动。

当荣禄奉慈禧之命离津赴京前，他曾与袁世凯相约誓死保全皇上。当时袁世凯说："中堂 (指荣禄) 现居要职，而皇上万一不安，世人将如何看待您呢？我亦世受国恩，倘皇上有不测，唯有以死相报。"荣禄说："不必担心，这事绝不会累及皇上的皇位。西太后如同祖母，皇上如同生父，作为子孙，夹在祖母父亲之间，只有竭死力调和。至于母子关系的变化，非子孙所忍言，非子孙所敢闻。"荣禄离天津时，袁世凯等到车站送行。当时的报纸报道，荣禄走后，袁世凯率布政使、道员等人在天津的圣安棚遥祝圣安。此时，光绪帝已完全是傀儡，时刻都可能被废掉，而袁世凯竟还率下属遥祝圣安，这说明荣禄与袁世凯确实有保全皇上的约定。

袁世凯和荣禄要保全皇上，并不仅因为他们世受皇恩，最根本的原因是担心废除光绪会引起外国人的干涉。戊戌政变以后，康梁得到英国和日本的保护，梁启超对于所从事的维新事业并没有失去信心，他从日本政府的援救行动中看到一线希望，期望日本会出面干预。光绪二十四年八月十二日 (1898 年 9 月 27 日)，他在大岛号上致信当时尚在访华的伊藤博文和林权助代理公使，请求日本联合英美等国出面保护，救出光绪。当时，英、日与沙俄在争夺中国的侵略特权上矛盾很尖锐，沙俄一贯支持以慈禧为首的后党顽固派，而英、日、美为了削弱沙俄对清政府的控制权，支持光绪皇帝，以削弱慈禧的权势。所以，荣禄和袁世凯唯恐废除光绪，会触怒英、日、美等列强。如果真的出现各国干涉的局面，那将会危及以慈禧太后、荣禄为首的后党的统治。一向靠仰洋人鼻息过日子的慈禧，自然最担心外国干涉。而要避免出现这种危险局面，就必须保全光绪皇帝。《自书戊戌纪略后》也说：当康梁谋乱之时，国家正处于危难之中，如果政变后荣禄不立即进京竭力调和，力争保全光绪皇位，各国必将借口干涉，这样变法派与洋人内外结合，局势将不可收拾。当时报纸上确实已有外国行将干涉的言论。光绪二十四年八月十一日（1898年9月26日），身在上海的买办资本家盛宣怀，特意致电荣禄：近日洋报纷议，殊骇听闻，莫尤虑俄为所欲为，大有先发制人之意。废黜光绪的举动不可操之过急，以防列强借口干预内政。这份电报对荣禄说服太后不要轻易废黜光绪皇帝起了十分重要的作用。后来盛宣怀至京谒见荣禄时，荣禄专门就他所发电报之事向他致谢，称“幸得汝电而止”。据当时报纸报导，自荣禄进京后，政局平稳多了，太后的行动和缓一点了。

荣禄进京后，不仅太后的行动有所收敛，而且光绪帝的处境也得到了明显改善。记载皇帝日常生活的档案从一个侧面反映了这一变化。

档案记载，光绪二十四年八月初六日（1898年9月21日），光绪到中和殿阅视祝版，然后去烧香。烧香后去勤政殿，见军机大臣后，又回到涵元殿。次日，光绪帝先去祭社稷坛，然后去勤政殿。见军机大臣后，回到涵元殿。光绪皇帝见军机大臣的记载说明，在宣布训政的最初两天，光绪帝是随同太后在便殿办事的。

慈禧太后接到密报后，光绪帝的处境就恶化了。慈禧太后大约在初七日晚得到天津方面来的密报，得知维新党人有谋乱计划。富有警觉的慈禧，自然怀疑光绪帝也要卷入其中。于是从此之后，她就不再让光绪帝和她一起在便殿办事了。

从档案资料看，初八日这天，光绪帝的活动很多，但都是礼仪性的。比如，到中和殿看祝版，率诸王大臣至勤政殿向慈禧太后行礼，祭月坛，至妙应寺烧香。这些活动中没有一项是行政事务。

八月初九、初十和十一日，光绪帝的活动也都是些吃饭穿衣、烧香磕头之类的事情。这表明，光绪帝已被囚禁在涵元殿，就连随同太后在便殿办事的权利也没有了。

八月初十（9月25日），慈禧以光绪皇帝的名义，发布一条上谕，宣布光绪帝已经病了数月之久，医治无效，必须在全国范围内征求名医，企图造成光绪帝业已病势严重、危在旦夕的假象。这等于暗示太后很快就要废掉光绪帝了。

但是，八月十一日 (9 月 26 日)，荣禄进京后，情况又不同了。八月十二日卯时整，光绪帝向皇太后前请安，然后又去见军机大臣。见军机大臣后，又回到涵元殿。这次所见军机大臣包括荣禄，并且光绪帝是和太后一起，先单独见荣禄，后见军机大臣。另外，档案还记载，八月十三日，直隶总督荣禄到京请安，光绪帝召见荣禄。此后连续几日都记有大臣给皇上请安，皇上见军机大臣，至纯一斋看戏等内容。其中八月十五日见军机大臣后，光绪帝上午、下午各看了一场戏。看来荣禄一到京，光绪帝的病就好了，政事活动也正常了，并且还天天看戏娱乐。

光绪皇帝处境的变化与荣禄来京有关，说明荣禄确实曾尽力保全光绪帝。

正是为了保全光绪帝，荣禄建议：无须审讯就杀掉谭嗣同等人，以免在审讯中牵涉到光绪帝。因此荣禄进京仅三天，即八月十三日，“戊戌六君子”被杀。十四日，清廷公布康有为、谭嗣同等人结党营私，谋围颐和园，劫持皇太后的罪状。政变至此以流血的方式结束。

这次政变更显出兵权的重要性，慈禧也更加倚靠和信任荣禄。1898 年 9 月，荣禄被任命为军机大臣，并管理兵部事务。直隶总督兼北洋大臣一职由另一位叫裕禄的官员担任。但北洋各军仍归荣禄统领。又过一个月，慈禧太后发懿旨任命荣禄为练兵钦差大臣。当时宋庆所部毅军、董福祥所部甘军、聂士成所部武毅军、袁世凯所部新建陆军以及北洋各军，都由荣禄节制。一般来说，臣子位重权高，是君王的大忌。在清代，作为军机大臣，一般是不可能再授予如此重的兵权的，荣禄此等待遇，有清一代，绝无仅有，由此可见慈禧太后对荣禄宠信之深，也是绝无仅有。应该说，正是戊戌政变，使慈禧与荣禄二人之间更加信任彼此，慈禧把军政大权统于荣禄之手，这使他们的政治命运也更紧密地联系在了一起。

兵权在手、踌躇满志的荣禄干的第一件大事，就是决定把宋庆、董福祥、袁世凯、聂士成所部四军联成一军。在荣禄的计划中，他以此四员大将分别为前、后、左、右军，自己亲领中军，并统一指挥各部。自此以后，荣禄在加强练习新军、振兴朝廷军事方面，下了相当大的工夫。荣禄在这方面也显示出很强的能力，在当时的清军中也很有威望。袁世凯就是由他推荐去操练“新建陆军”的，荣禄又通过与董福祥结为兄弟，将其罗致门下。义和团运动期间，袁世凯、董福祥、聂士成都成为风云一时的人物，且都表现出武将的骁勇霸道之气，为清朝立下汗马功劳，说明能赏识他们并能指挥他们的荣禄，的确有他的过人之处。可以想见，当时荣禄必定有虎虎生威的大帅之相。

康有为

这年 12 月，荣禄上奏提出这一计划，并请求朝廷筹拨经费。慈禧立即允准。这也表明慈禧对荣禄的信赖程度非同一般。

第二年，也就是 1899 年的 3 月，荣禄所统的北洋各军就正式定名为武卫军了，荣禄奏准得以刊刻颁发他的“钦命节制北洋各军武卫全军翼长关防”。他以聂士成部为前军，驻天津芦台，为京师门户；以董福祥部为后军，驻蓟州；以宋庆部为左军，驻山海关内外；以袁世凯为右军，驻天津小站。荣禄自己统领一万人，分为二十七营，作为中军驻南苑。根据这一规划，可以看出，荣禄的目的就是建立一支由他控制的、直接听命于慈禧调遣的中央军。这样，一来可以加强对京都的护卫；二来可以加强朝廷的兵力，与地方督抚抗衡；三来可以保证慈禧及其后党执政的政治优势。这样调整之后，一时之间，清军气势似乎大有增强，北京城也好像固若金汤。只可惜晚清时局瞬息万变，义和团运动中，武卫军作为作战的主力部队，还是损兵折将，元气大伤。董福祥被罢用，聂士成战死，天津、北京、保定次第陷落。随着荣禄于 1903 年去世，武卫军在短短的四年里就烟消云散了，所成全的就只有袁世凯一人。

荣禄走的是武官的路子，最终能掌握军政大权，实在是不容易。他以练兵起家，以重振清军、进而实现朝廷的中兴为其事业，此时统建武卫军，是他一生事业的顶点，但现实的残酷终究使他无法实现其目的。

经过“百日维新”一事，慈禧太后深恨光绪帝，与他势不两立，必欲除之而后快。慈禧训政后，便开始琢磨着废掉光绪，另立一个小皇帝做傀儡。这时在她身边也聚集了一帮急欲改朝换代的王公大臣，其中以端亲王载漪为首，此外还有崇绮、徐桐以及协办大学士刚毅等人。

荣禄怎么会不知道主子的心思呢，何况他也是光绪帝最痛恨的人。如果有朝一日能翻云覆雨，光绪帝重掌大权，荣禄的日子绝不好过。所以，这时他是赞同慈禧的想法的，但又有所保留。老谋深算的他认为，废立皇帝可是朝廷大事，搞不好就会背上谋逆的罪名，为天下人所不齿，并留下千古骂名。就当时情况而言，光绪翻身的可能性也不大，有必要如此孤注一掷吗？而且在各国驻华使节眼里，光绪是比较开明的皇帝，他执政能有利于抑制朝廷里的排外倾向，使西方人在中国能得到更深入的发展。所以，他们是不愿意光绪帝被废的。如果各国洋人、国内地方督抚都表示反对，将来成败得失，孰轻孰重，恐怕很难把握。因此，荣禄建议慈禧应多探探虚实，再行筹划。

于是，慈禧对外宣称光绪病重，暂时不能处理朝政。各国使臣也已听到有关废立的说法，便将计就计，借关心为名，请求派西医诊病。慈禧当然不同意，但经不过洋人们的屡次请求，何况既然病重，竟还不准医生诊治，这也太有违常理，反而会使大家怀疑光绪是否有病，于是只好允许一位法国医生入朝，为皇帝看病。结果这位医生说光绪没什么大碍，慈禧非常不高兴，但也没有办法。此时，荣禄也暗地里把慈禧的这层意思曲曲折折地写信告诉了两江总督刘坤一。刘坤一坚决反对这件事，他在回信中义正词严地规劝荣禄说："君臣之义已定，中外之口难防，坤一为国谋者以此，为公某者亦以此。"

经过这两件事情之后，荣禄更加觉得废立之事鲁莽不得，他必须从自己和慈禧的切实利益出发慎重考虑。于是他向慈禧提出，鉴于刚刚训政，政局动荡，重点应该放在整顿朝政、与外交好、稳定大局方面，此议可暂缓，慢慢来，不用着急。慈禧认为他说得很有道理，于是这件事就暂时放下了。但实际上，慈禧等人仍然在暗地里筹划进行这件事，最后演变为"己亥建储"，并成为慈禧与各国交恶的主要原因，更埋下了清廷向各国开战的伏笔。荣禄既然是慈禧的亲信和谋士，自然与此事脱不了干系。

转眼过了一年，经过在暗中多方筹划，慈禧还是决意要废掉光绪，载漪等人也急欲促成此事。光绪二十五年（1899 年）冬，废立之议又起。但各驻华公使看到，在积极密谋废黜光绪帝的王公大臣中，很大一部分是保守派，不知开眼看世界，只知盲目排外。他们担心保守派全面把持朝政后，清廷会重新回到闭关锁国上去。在这种情况下，光绪帝的存在对他们来说就显得非常重要。正因为害怕引起政局动荡、列强反对，荣禄此时对于废掉光绪显得忧心忡忡，但慈禧并没有把他的意见听进去，她责成荣禄想办法，荣禄也不得不听她的。

慈禧继续以光绪病重为借口，想寻机行废立之事。各驻京公使听说光绪病重，又轮流到总理衙门打探消息，并再次选派医生入宫给光绪帝治病。慈禧十分恼火，但洋人的从中作梗使得慈禧不敢贸然行事，于是她让荣禄想法探探洋人的口风。荣禄于是拜访了李鸿章。李鸿章因为签署《中日马关条约》受到朝野上下的广泛谴责，当时以大学士之职在京赋闲。荣禄想听听李鸿章对这件事的意见，同时也想让李鸿章到各国使馆探探消息。李鸿章目睹朝政混乱，一心想远离避祸，于是他对荣禄说："我早已成了闲人，很少与使馆交往。如果任命我为总督，各国公使一定会来祝贺，我可以顺便探一探他们的口气。"慈禧果然于 12 月 29 日下诏，由李鸿章以大学士署理两广总督。果然，各国公使前来李鸿章的住所，向他表示祝贺。还没等李鸿章试探，他们却首先提起了废光绪皇帝的话头。李鸿章宣称这是“谣言”，并声明假如真有这种事，也只不过是中国的内政而已，外国人用不着干预吧。公使们则明确表示，他们只认得“光绪皇帝”，至于其他什么人当皇帝，他们是否予以承认，要去请示本国政府。于是，李鸿章告诉荣禄外国人不同意中国废皇帝，这使荣禄更坚定了不能废光绪皇帝的决心。据说促使他下此决心的还有李鸿章的另一番话，当他以将行废立之事告知李时，李鸿章猛地站起身来大声说：“此何等事，讵可行之今日。试问君有几许头颅，敢于尝试此事？若果举行，危险万状。各国使臣，首先抗议，各省疆臣更有仗义声讨者，无端动天下之兵，为害曷可胜言。”他还建议荣禄将其中利害仔细密陈给慈禧。这一番慷慨激昂的话，使荣禄有如大梦初醒，原先还一直抱着一丝侥幸，现在他决定力阻慈禧废帝。

就在此时，崇绮、徐桐等人拟好了内外大臣联名请求废立奏稿，先拿去给慈禧看了看，慈禧毕竟有点顾虑，于是要求他们先与荣禄商议，因为荣禄当时总统武卫五军，大权在握。荣禄接过奏稿刚看两行，便借口肚子不舒服跑入内室，与他的幕僚樊增祥商量如何回答。回来后他再接过稿子看了几行，便投进火炉里烧掉，一边还念念有词，说不敢看。崇绮、徐桐非常生气，说：“这是太后让我们拿给你看的，你怎么敢烧掉。”荣禄对他们说：“太后不愿做此事，如果真是太后的意思，我一人认罪就是了。”荣禄知道，如果慈禧真正从自身利益考虑，是会接受自己的看法的，他有这个把握，才敢这样做。第二天，荣禄请求单独面见，他替慈禧权衡利害：太后要办，谁敢反对。只是考虑到皇帝罪行不明，外国公使会横加干涉，不得不谨慎。慈禧对洋鬼子的这种态度痛恨不已，但暂时又无计可施。荣禄趁机表明忠心，认为这样冒险太不值，如果招来大变，自己死不足惜，只是心痛圣母皇太后。一番话说得委婉中肯，加上他叩头大哭不止，慈禧仔细考虑后决定暂时放弃废帝念头。但她认为，事情已经败露，该如何处理才能圆满呢？荣禄进而提出了个折中之法，他说：“皇上年事已高，尚无皇子，不如在宗室近支中挑选一子，立为大阿哥，养在宫中，以便将来继承帝位。”慈禧沉思片刻后同意了这一办法，决定立下大阿哥(相当于历代王朝的太子)，以慢慢取代光绪。

光绪二十五年（1900 年 1 月 24 日），也就是旧历的己亥年十二月二十四日，慈禧召集王公大臣到仪鸳殿，以光绪帝名义，颁布上谕，立端亲王载漪年仅 11 岁的儿子溥俊为大阿哥，这一事件就叫做“己亥建储”。慈禧为此设宴招待外国公使，希望他们表示祝贺。但各国公使不但不置一词，还有人冷言冷语，说三道四。这对慈禧、载漪等人又是一次沉重打击。他们对“洋鬼子”更加恨之入骨。卑鄙的私利、权力欲的支使，使一向对洋鬼子敬畏有加的慈禧及王公大臣们丧失了理智，对洋人真恨不得生吞活剥，方泄心头之恨，一心想要报复这帮洋人。

机会说来就来。就在慈禧有气没处出的时候，轰轰烈烈的义和团运动犹如一场新的风暴，席卷华北和京津地区。慈禧最终利用义和团不明智地向列强开了战，最终又以签订《辛丑条约》而告败，并再一次出卖了国家的主权，使中国完全陷入了半封建半殖民地的深渊。荣禄是反对这种做法的，但慈禧以及载漪等王公大臣已经被强烈的报复和盲目排外心理蒙蔽了心智，这使荣禄再次处于一种很难堪的境地。

阳奉阴违，剿杀拳民

慈禧忙着筹划废立之事的时候，义和团运动就逐渐兴起了。义和团运动的主角是在大多数情况下惯于沉默、甘于顺服的下层民众。它起源于秘密宗教组织，反对外国侵略，演绎了一段悲壮的历史。当然，义和团身上带有浓厚的封建迷信和愚昧、盲目排外的色彩，比如他们借口天神附体可刀枪不入，认为洋人筑路乃是控制了“龙脉”、洋人开矿是泄漏了地下的“宝气”，逢洋人就杀，等等，但义和团的高层领导，贪生怕死，卑鄙恶劣，毫不足取。

在袁世凯及他的武卫右军派到山东镇压义和团之后，山东义和团暂时沉寂下来，却发展到直隶一带，京城的气氛顿时紧张起来。清政府派刑部尚书兼顺天府尹赵舒翘与军机大臣刚毅等先后到涿州，以便对义和团相机开导解散。此时，清廷各派对立逐渐尖锐化，执掌朝政的军机处认为对拳会“不可操切从事”“毋得轻伤民命”；但地方权臣刘坤一、盛宣怀等却力主“剿”。而作为最高统治者的慈禧，当义和团的势力迅速发展至京畿时，感到左右踯躅、剿抚两难。

袁世凯

在这种纷繁复杂的矛盾之中，荣禄虽然觉得其实拳民的本意，“不过自卫身家，其仇教嫉洋尤见乃心”，但其来势汹汹，如果不严拿重惩，危害太大。他向慈禧提出了两条意见：一是讲究方法，分别良莠首从，不要过分镇压而生变，对为害大者要严惩不贷；二是他认为严禁义和团，本来就是朝廷应该做的，并不是虐民媚洋，这一点是为了消除慈禧的顾虑。

1900年5月，荣禄抱病到丰台、马家堡一带巡阅，为加强对义和团的防范和镇压，他派出其武卫中军五个营前往丰台，三个马步营前往马家堡，另外三个马步营驻扎永定门内。驻守天津一带的聂士成也派出步队一营赶到丰台驻防。虽如此，但荣禄并不坚持自己的看法，他紧紧地观察慈禧的态度，从不直接发出命令，每遇难缠之事时，“屡请皇太后睿识独断”。

此时，义和团易旗改帜，宣称“扶清灭洋”。考虑到义和团从来没有形成全国性的大组织，没有强有力的中坚力量与强大的领导阶层，更没有高深的战略与谋略。我们可以认为这个口号不是义和团的深层战略布局，只是一个现实性策略。

在这一阶段，有些官员对义和团起事表示出了某种理解，但又觉得如不严禁，危害朝廷安全，洋人这边如闹起来更加不利；而有些官员则似乎看到了反击洋人的希望，向慈禧密奏“民心可用”，可尝试将义和团编为团练。

随着义和团的发展，列强紧张起来，看到朝廷举措不力，他们决定不顾清政府的反对，立即以保护使馆的名义调兵入京，这实际上是践踏了我国的主权。5月31日至6月2日，英、俄、法、美、意、德、日、奥八国第一批军队，共计450余人由天津分批到达北京。此外，他们还陆续增兵于大沽口外，这就使形势更加剑拔弩张了。

就在列强从天津调兵进京之时，义和团在沿途发动了袭击，还焚毁铁路、电线，荣禄认为，这样做，既有伤政体，又会使中外震动，必须及时防堵。于是他命杨慕时、邢长春各营自涿州、定兴、涞水一带撤回，全力保护自天津至卢沟桥的铁路。又派中军提督孙万林率步队五营、马队三旗，由卢沟桥移扎良乡、窦店一带，妥为布置，责成聂士成和裕禄组织兵力，一起弹压义和团，保护洋人。

与此同时，慈禧不断召集大臣，商讨该怎样对付义和团，在这期间，荣禄一直在生病，先请了20天的假，勉强上朝议事，后又请了40天的假，但他仍组织调动兵马，并七次上书，请求鉴于义和团发展迅猛，赶紧剿灭，使列强没有进兵的借口。但慈禧等人没有接受他的建议，原来他们的态度已经开始转变成想“利用”义和团对付列强了。荣禄调兵遣将的做法最终落得个“大学士勿得孟浪”的训诫，好不憋屈。慈禧派出协办大学士刚毅等人前往涿州一带，明为宣旨解散，实际上是查看义和团的发展状况。刚毅回朝后，密陈团民可用。慈禧默许，一些王公大臣也主抚主战，形势开始发生变化。

之所以会如此，原因就在于慈禧、载漪等人自策划废立以来对各国使臣越来越强烈的不满和愤恨的情绪，而洋人在义和团问题上的不断施压，使得这种情绪迅速膨胀。义和团的迅速发展，使慈禧觉得似乎找到了报复洋人的机会，义和团不是“扶清灭洋”吗？正好可以利用他们出出气，但她当时还是不敢与列强公开挑衅，还在观望之中。对于大阿哥的父亲载漪来说，如能借义和团的力量扫除洋人这个障碍，他的儿子就可以早日取光绪而代之。还有一些王公大臣则因义和团的壮大而变得盲目自大起来。

义和团在慈禧默许自由活动后，迅速进京。6月，义和团大规模涌入京城，一时间京城内义和团民遍布大街小巷。荣禄销假上朝，形势已一变至此，无论是列强还是义和团，都已经很不好对付了。他感慨万千，在给友人的信中写道：“力疾销假，而拳、洋之衅已成。拳以姑息而致蔓延，洋以情急而图自卫，遂致杆、路全毁，夷兵纷来而不可止矣。”他再次请求不要激化与列强的矛盾，尽力镇压义和团，但慈禧已经倾向于主抚主战派了。当时主剿主和派引荣禄为援，认为他能在慈禧面前说上话，但是载漪等人可是“己亥建储”后的新贵，以荣禄谨小慎微、明哲保身的态度，他是不太敢得罪这帮人的，也不敢贸然违背慈禧的心意。他在给袁世凯写的信中就这样表述过：事有可言者，仍有难尽言之时。虽然他反对主抚主战派，也只能满腹牢骚，唯慈禧之命是从。

情况变得越发不可收拾。6月10日，列强再次派兵从天津出发赶往北京，而义和团也在途中发动了更猛烈的袭击。11日，日本使馆的书记生杉山彬被董福祥部士兵击毙，先前以保护使馆名义强行进京的侵略军们肆意抓捕、枪杀义和团及无辜居民，义和团也给予回击。15日，义和团开始围攻西什库教堂。中外冲突此起彼伏，清政府还在左右摇摆。荣禄向军机处提出，应速调两广总督李鸿章接任直隶总督。慈禧接受了这一建议，但李鸿章看到情况复杂，找了个借口迟迟不动。荣禄还亲赴日本使馆就杉山彬被杀一事表示道歉。

慈禧决定召开御前会议筹划对待义和团及列强的方略。6月16日，第一次御前会议召开，袁昶等人建议剿灭义和团，竟被端王载漪厉声叱为"此即失人心第一法"。如此一来，荣禄便很少说话了，但经过主剿主和派的据理力争，最终朝廷采取了比较明智的决策：命荣禄派武卫中军保护各国驻华使馆，命刚毅、董福祥开导义和团，勒令解散，年轻力壮者，编入军中。

但是，载漪等人不甘心就此作罢。为了达到个人目的，他们决定推波助澜，刺激慈禧太后下决心反对洋人，他伪造了一份外国公使团挑衅性的照会，里面声称"要皇太后归政"。16日午夜，这封假照会由江苏粮道罗嘉杰送到荣禄处，载漪知道由荣禄进呈，慈禧是不会相信有假的。荣禄拿着照会，焦急万分，送还是不送呢？如果送到慈禧那儿，慈禧肯定会怒火中烧，说不定就会和列强开战，可是要是不送，怪罪下来，这可是死罪。犹豫了一晚，他还是抱着一丝希望把这封照会送至慈禧处。慈禧一见之下，果然悲愤万分，荣禄哪里能劝住她冷静下来呢。就在这种状态下，17日，第二次御前会议召开了。慈禧决然表示："现在洋人首先挑衅，国家灭亡就在眼前，假若把江山拱手让给洋人，我有何面目去见列祖列宗，就是要送，也要拼死打一仗再送!"她还不准群臣进谏，如有表示反对的，要受到处罚。载漪等人也大声疾呼："身为皇室宗族，我们要以社稷为重，祖宗留下的基业，岂能白送，誓死也要一拼。"在如此疯狂的场面中，荣禄哪里还敢公开反对慈禧。

6月18日，慈禧再次召开第三次御前会议。载漪请求攻打使馆，慈禧表示同意，此举遭到一些官员的强烈反对，荣禄也表示了明确的意见，认为"攻杀使臣，中外皆无成案"，不可如此。慈禧一概不听。

在19日的第四次御前会议上，清廷最终决定对列强宣战。之后照会各使馆，限其人员及其家眷等24小时内起行赴天津。荣禄决定作最后的努力，20日慈禧单独召开的枢臣会议上，荣禄又提出不要攻打使馆，不然各国会联为一气，必欲置我方于死地，以一国而敌各国，“不独胜负攸关，实存亡攸关”，慈禧正在气头上，什么话都听不进去，她严厉申斥荣禄，并强令他担任围攻使馆的总指挥。

1900年6月20日，慈禧命清军及义和团开始围攻东交民巷的各国使馆，董福祥部攻使馆区西北两面，义和团也主要在这儿参与进攻。荣禄则指挥武卫中军攻打使馆区东、南两面。这里面以荣禄的兵力最强。下午4时清军正式开火，这次围攻至八国联军攻入北京止。第二天，即21日，朝廷正式发布宣战诏书。诏书洋洋洒洒数百言，极尽慷慨之能事，诏书中大表决心，言之旦旦：“与其苟且图存，贻羞万古，孰若大张挞伐，一决雌雄。”甚至还说，如有人临阵退缩、甘当汉奸，朝廷将“即刻严诛”，并连发谕旨嘉奖、召集义和团，特意声明对义和团应从“攻剿”改为“联络”。当我们把慈禧日后所说的“量中华之物力，结与国之欢心”这句经典台词，以及因列强没有让她下台而感激涕零的生动表演，和上述言行作一对照，就会发现是个天大的笑话。

慈禧及载漪等人把个人私欲置于国家安危之上，实为国之大害，而且围攻使馆的行为违反了国际法，并给了列强扩大进兵的借口，确是极为不智之举，荣禄主张剿灭义和团，反对围攻使馆，都是从维护封建统治的目的出发，我们虽不能苟同他镇压农民运动的观点，但作为一个有其历史局限性的人物，他显然还是很明智的，在客观上为保全民族利益做出了努力。荣禄虽然明智，却无力劝阻盛怒中的慈禧，只能听从懿旨，绑在这辆疯狂的战车上，走一步看一步了。

暗保使馆，皆大欢喜

不顾包括荣禄在内的诸多大臣的劝阻，慈禧太后及主战派决定由荣禄率军攻打各国驻京使馆，并悍然向列强宣战，实际上是准备以所谓天神附体、刀枪不入的义和团为炮灰和列强较量一番。荣禄等人则是有苦难言、焦急万分。中日甲午战争以来，朝廷积弱积弊已至无可挽回之地，和列强开仗，实在是胜算太少，以一弱国而抵数强国，危亡立见，会陷国家于水深火热之中，国何以堪！而且两国相争，不罪使臣，自古皆然，现在攻打使馆，日后可怎么收场？话虽如此，朝廷已然宣战，战争不可避免，荣禄也只能听命攻打使馆。此时的荣禄俨然把生死置之度外，在给同僚的信中说："我辈世受国恩，亦惟有拼其一死以报朝廷，尚有何说耶！"他又觉得，区区一死不足惜，实在是不能做万世罪人，于是他决定，仍尽自己所能向慈禧进言，对使馆实行明攻暗保，竭尽周旋之能事，以保证各使臣不受伤害，并争取和使臣们取得联系，求得谅解，为今后转圜留下余地。至八国联军攻入北京之时，使馆已被围56天而无一攻破。也正是因为这样，虽然他是攻打使馆的指挥者，日后列强也没有把他列入战犯之中。

大家会觉得奇怪，荣禄是慈禧的死党，他竟敢违抗慈禧的命令？慈禧既然下了那么大的决心，又怎么会允许荣禄对她的旨意阳奉阴违呢？其实道理很简单。慈禧从来就是一切从自己的切身利益出发，她为私欲而断然宣战，但当她的愤怒在几天后有所消减，她静下心一想，也还是很害怕列强长驱直入的，那时国将不国，她地位也难保。但当时的情势已是骑虎难下，一来是虽然她是最高统治者，但主战的王公大臣们以大阿哥的父亲端郡王载漪、大学士刚毅为中心，正在朝廷里掀起一种狂热的情绪，并形成了一定的势力，当初她既然一气之下宣了战，如果马上出尔反尔，自己的威信会大受损害，对官员们不好交代，说不定他们会因此而拥护光绪；二来是此时京城内义和团势力正盛，对朝廷本来就构成了直接威胁，何况端王等和义和团还有很密切的联系，这两者对她的统治都很不利，所以她暂时只能把战争继续下去。同时，明修栈道，暗度陈仓，慢慢地做一些回旋的事情。6 月 29 日，她就命清朝驻外使臣向各国解释开战之“万不得已”，并把责任推到了义和团身上。7 月 9 日，八国联军开始攻打天津之后，朝廷内停战议和观点渐占上风，慈禧也逐渐表示倾向于停战了。但这其中颇多反复，因为慈禧是统治者，本来就要靠主和主战双方的争斗来控制朝政，所以她的态度一直都不明朗，加之心情恶劣，就更是反复无常。

慈禧的种种心意以及她所处的复杂情况，荣禄是了如指掌的，于是早在她心生悔意之前，荣禄就已经着手实行明攻暗保，力图把日后可能产生的损害减少到最小。他采取不与慈禧顶撞、不向慈禧请示的方法，这正是做臣子的高明之处，处处给主子留着脸面，替主子受过，还不动声色地替主子办好她还没有想到却最符合她利益的事，或是心里想做又不方便做的事，荣禄可真算得上是内中行家，难怪慈禧对他恩宠不衰。其实慈禧派荣禄当指挥，就是想保证所有的事态都能在她控制之下，荣禄当然知道慈禧的这番深意。荣禄也知道，只要他做的事都是真正为了维护慈禧的利益，慈禧是不会怪罪于他的，在这方面他们非常有默契。慈禧后来说，当初她还是留了一个心眼的，她不想彻底断了和列强议和的后路，不然何至于合义和团和朝廷之力，都攻不破小小的一个使馆？其实这个心眼、这条后路，是荣禄替她先想到的，也是借荣禄之手来实施的。我们不妨来看看荣禄的具体活动。

荣禄自奉命围攻使馆后，其兵力最多，但进攻从不得力，且一直试图与使馆联系。最初，宫中召集大臣开会，讨论是否应该停止围攻之事，慈禧当时有停战并发照会之意，荣禄就马上命令停止攻击，并派人告诉洋人，说奉上谕保护使馆，即刻停止攻击，将有照会自玉带桥递来。可惜荣禄白费心机，朝廷还是主战派占了上风，当天夜里，他就不得已接受命令再次发动进攻，但他这方面的进攻很弱，据当时英国公使窦纳乐所记，进攻多来自北部和西北部，也就是董福祥部和义和团方面。

此后战斗有一阵比较激烈，有一日清军竟发炮 300 余发，大炮射穿了英国使馆的楼顶，也有人中炮毙命，使馆区的大官房院被火箭射成一片火场，双方互有死伤。使馆内各公使纷纷向天津的驻军求救，各国政府也警告清政府不得伤害使臣，同时开始筹办进兵事宜。八国联军与清军在天津展开激战。而在这期间，荣禄除自己进攻不力外，还一直暗示董福祥不要竭尽全力，董军受朝廷影响，也是有一搭没一搭地打。但董福祥身为武将，既然作战，当然要有些样子，所以自始至终他还是比荣禄认真。但有一次，朝廷派武卫中军的开花炮队为董福祥军助攻，刚要开炮时，董福祥还是想向荣禄请示一下，他对荣禄说："炮离使馆很近，一发炮，恐怕使馆会炸得粉碎，到那时引起交涉，我就要成祸首了，还是请荣相给我一道手谕吧。"董福祥还是不傻，但荣禄总不开口，董福祥一再请求，最后荣禄说："横竖炮声一响，里面总是听得见的。"董福祥恍然大悟，其实只要做做样子给朝廷看不就行了吗？于是他就对准使馆的空地开炮，使馆分毫未损。此后不久，朝廷就下令停战了，董福祥暗自侥幸。

与此同时，荣禄与两江总督刘坤一、湖广总督张之洞、两广总督李鸿章保持着紧密的联系，他们的观点是一致的，于是互为支援、互通声息。这些地方督抚们联合起来搞了一个"东南互保"，向列强允诺剿灭义和团运动，维持秩序，换取列强的不进犯。这在表面上是抗旨不遵，实际上跟荣禄的明攻暗保同出一辙。正是他们的这些做法，在一定程度上保全了半壁江山深陷水火、摇摇欲坠的清王朝，此后和列强进行议和的正是这一批人。李鸿章等各地督抚也纷纷向朝廷上书，说现在各国已开始进兵，要想挽回大局，就必须保住使臣、使馆，今后还有得商量，他们再三强调说，各国使馆、使臣千万动不得，万一有失，大局就不堪设想了。荣禄见自己的做法得到他们的认同和支持，就更放心了。

荣禄也一直没有放弃寻求向各国公使示好的机会，7月10日，一名叫金四喜的中国教徒被使馆派出去送信，结果被义和团抓住。荣禄知道后非常高兴，马上就把这个人从义和团手里要了回来，还款待了一番。三天后，荣禄以总理衙门名义写了封致英国公使窦纳乐的信，派此人送了回去。信的内容是什么呢？原来荣禄希望公使们能相信他，率家眷、参赞、翻译等移驻总理衙门内，由他派兵严加保护。他提议，因情势紧张，要求他们出馆时不要带一名持枪士兵，以免双方出现突发事件不可收拾，如肯相信他，以第二天午时为限回信，以便预定保护出馆日期，荣禄称，这是他"于万难之中设法筹此一线全交之路，若过时不覆，则亦爱莫能助矣"。但当时的情形之下，各国公使怎敢相信呢？他们决定仍然留在使馆内，于是总理衙门又回了封信，说既然如此，朝廷会派军严禁义和团再向各国使馆放枪攻击，使馆也不要随时任意放枪。自此之后，攻守双方进入休战状态，信件往来也一直持续到围攻结束，荣禄还授意围攻西什库教堂的清军停止攻击。7月17日，围攻使馆的清军正式停战，荣禄命人给洋人送去瓜果。第二天，他派员前往使馆会谈，达成了一项休战协议，随后又派一名叫文瑞的官员前往慰问。20日、22日，总理衙门奉慈禧之命，给各国使馆送去西瓜蔬菜果品等食物，同时，清政府开始限制义和团。

为何此时停战？只因形势越来越朝着对清廷不利的方向发展，列强攻打天津，聂士成、罗荣光战死。7月14日，天津沦陷，而多数督抚都上书建议为了日后起见，目前要保护好使馆、使臣，所以慈禧不得不考虑求和之事，并决定保护使馆、使臣，荣禄的暗保至此可以变为明保了。

但事情仍有反复，24日，使馆区再次发生零星战斗，英国公使窦纳乐致函荣禄，抗议清军破坏休战协议。总理衙门只好再次要求各国公使到天津避乱，并准备让荣禄挑选得力部队妥为护送。27日，慈禧再次命总理衙门给使馆送去粮食果蔬。此时，列强已准备发兵北京，公使们已经得到消息，所以他们对清政府的这一请求不予答复，准备等待联军入京。

这一时期，慈禧是非常反复无常的，一会儿激烈主战，一会儿又急欲议和，就连荣禄这样的亲信，大部分时间也只能听命而已，不敢坚持自己的意见。她虽然最初默许荣禄和刘坤一、李鸿章等督抚的所作所为，此后又急命李鸿章北上商谈议和事宜，但她在表示出议和的心意后，又对宫内的反战主和派大开杀戒，最主要的原因一是杀他们泄愤，二是不愿意让这帮人笑话自己的失败而已，这就是封建专制的害人之处。7 月 28 日，杀许景澄、袁昶。8 月 11 日，杀徐用仪、联元、立山。荣禄得知后虽加以劝阻，奈何无济于事，只好噤口不言。其实荣禄也常劝谏慈禧将反战主和付诸行动，即明攻暗保使馆，但他是密谏，不像这批人，在御前会议上公开和慈禧作对，而且他善察言观色，一见慈禧恼怒，便不再多话，难怪古语说“伴君如伴虎”，荣禄是深谙其中之道啊！

8 月 4 日，八国联军从天津出发，气势汹汹向北京而来。6 日攻陷杨村，直隶总督裕禄自杀，慈禧开始作逃跑的准备，派荣禄办理车马事宜，并授李鸿章为全权大臣，与各国电商和议，但联军执意攻占北京，暂拒和谈。清军此时公开在京城屠杀义和团。

8 月 14 日，八国联军攻陷北京，这是中国近代史上列强第二次攻陷北京，上一次是在 1860 年，英法联军曾攻入北京，火烧圆明园。15 日清晨，慈禧出逃。此时的慈禧即使后悔当初没有听从荣禄等人的建议，也来不及了。

虽然清军和义和团围攻使馆有违国际惯例，但这一时期列强在中国犯下的罪行是令人发指的：使馆内洋人肆意枪杀馆外百姓，天津陷落后纵兵烧杀抢掠三日，俄国人在海兰泡、江东六十四屯大规模屠杀中国百姓，连婴儿都被挑在刺刀上被割成碎片，如此等等不可胜数。所以义和团虽然带有盲目排外的思想，总体上其爱国的本质不可磨灭，其命运让人为之动容。而荣禄的行为虽在客观上具有一定的理性，但他只为了自己和慈禧的利益盘算，心中就只有慈禧把政的朝廷，容许洋人肆意枪杀我百姓，无法抵御八国联军对北京的进攻，充其量他只不过是慈禧忠实且明智的一名手下，清政府的一员能吏干将而已。

逃脱险处，不担骂名

1900 年 8 月 15 日清晨，慈禧带上光绪、大阿哥溥儁和一干后宫嫔妃、宫女太监，以及一些王公大臣等，手忙脚乱地离宫出逃，当然，临走时她没忘了那个和她作对而深受光绪喜爱的珍妃，珍妃反对出逃，正中慈禧下怀，于是被她下令推入井中处死。

一行人犹如丧家之犬，向山西境内而去，但其中却找不到荣禄的身影，慈禧怎么会把他给忘了呢？本来慈禧是想让他跟在身边的，但载漪等人因为素来与荣禄在对付义和团和列强的问题上意见不合，对荣禄很不满意，不想让他在慈禧身边，影响他们和慈禧的关系，而当时这批人的势力还很大。17 日，他们到达怀来县城后，发下谕旨，任命荣禄为留京防守大臣，随时给逃跑中的慈禧上报各地情况，收拾京城这堆烂摊子。更可笑的是，慈禧一行还在谕旨中说自己是“暂行巡行山西”，不过是掩耳盗铃的伎俩罢了。

眼见局势如此混乱，荣禄马上收集残兵败部回到保定，准备整顿好兵马，观望局势，恭候慈禧的旨意。为保障慈禧、光绪一行的安全，他按照谕旨的要求，派出董福祥部火速赶上保护。与此同时，刘坤一、张之洞等实行“东南互保”的督抚们也向各国使臣提出，要求保证光绪和慈禧的人身安全，已被任命为全权大臣、待在上海的李鸿章也强烈要求列强停战，开始商谈议和事宜。逃跑中的慈禧也没有忘记议和，她发号施令，要求李鸿章、荣禄等赶快开始行动，她还以为荣禄在北京呢，所以令荣禄办理与列强议和事宜，而荣禄已经在保定待着了。其实荣禄也是为了自己盘算，他毕竟是攻打使馆的指挥者，要是列强不念他明攻暗保的功劳，要拿他问罪怎么办，所以他是不敢待在北京的。

27 日慈禧从怀来县出发时，又命荣禄整顿各军，着力布置山西的防务。31 日，又命荣禄整顿军队，固守由直隶进入山西的各条通道，因为慈禧已进入山西境内，她担心洋人会从后杀到。看来最危险的时候，慈禧可仰仗的人还是荣禄，她可是把自己的后路都交给荣禄了。

各国公使为拖延议和，故意不承认李鸿章的全权大臣资格，还要求让庆王奕劻主持大局，并提出要严惩“肇乱”的王公大臣。这期间，李鸿章等人上奏请慈禧处理载漪、刚毅、载勋等人，还请求加派奕劻、荣禄、刘坤一、张之洞为全权大臣。

李鸿章

可荣禄却向慈禧表示不愿当议和大臣，他是这样解释的，他说，李鸿章既然已是全权大臣，一切议和事项，就应该责成他去办理，自己负责山西防务，关系到保护慈禧一行的安危，实在是不能兼顾议和。当然，我们不可否认荣禄不愿议和有以上的原因，而且他也觉得列强可能不会让他这个攻打使馆的指挥者参加议和，他也知道论外交他不如李鸿章，但其中还有更主要的原因，那就是他不想承担千古骂名。荣禄也是个饱读诗书之人，也颇能以史通今，焉有不知道青史留名的道理？何况这些年冷眼旁观，见李鸿章因签署不平等条约而饱受辱骂的那种狼狈，如今的议和，只有比以前的不平等更甚，他怎么能跳这种火坑呢？他打定主意，不当这个议和大臣。

8 月 31 日，慈禧看过李鸿章、荣禄等人的奏折后，添派刘坤一、张之洞为议和大臣，与李鸿章随时联系商量议和事宜，至于荣禄的议和任务，却并未明确，只说要等到李鸿章入京后视情形再决定他是否参与。可李鸿章也希望参与的人越多越好，这样他的责任会轻一点。9 月 2 日，他和张之洞、刘坤一再次要求奕劻、荣禄星夜回京商议，万不可缓。3 日，已随慈禧逃到怀来的奕劻折回了北京。这时，公使们认为荣禄是围攻使馆的指挥，拒绝接受他的议和全权代表资格，而对荣禄来说，这可真是他的幸运。

逃亡中的清政府连续发布了罪己诏，以及惩办祸首、剿灭义和团等谕旨，荣禄马上命令手下的将领展开了攻剿义和团的行动，并认为通过这一行动，可以防止洋军西进，保护慈禧等人的安全。由于列强有进攻保定的动向，荣禄加紧进行整顿武卫军各营的工作。此外，虽然他不当议和大臣，但他还是必须参与商讨，慈禧命他和李鸿章等人商量后，尽力与各国公使磋商，要是有什么万难应允之事，可事先驳去。方今人为刀俎，我为鱼肉，清政府连开口的机会都没有，还有什么万难应允之事？其实这“万难应允之事”就是指列强将慈禧列为“宣战”祸首，要求加以惩罚，慈禧是让荣禄把关，千万不能答应。

9 月 15 日，李鸿章接受任命，从上海赴天津。10 月 5 日，又由天津赴京。在这期间，慈禧一行向西安进发，而列强对清政府惩罚官员的力度和范围都很不满意，要求进一步严惩，使荣禄也受到牵连。虽然公使们也明白他在围攻使馆的过程中为保护他们出了力，但毕竟荣禄是指挥者，所以他们对荣禄并无好感，甚至有人要求也把荣禄列入惩罚名单。荣禄本来就因此而提心吊胆了，再加上得知八国联军统帅瓦德西准备进攻保定，他就更加心神不定、坐立不安了：如果他们进攻保定，我是拼命抵抗好，还是迎接他们进城好呢？他们进了城，会怎么处理我呢？正在这时，10 月 6 日，慈禧命荣禄去她那儿当差。原来载漪等人已被处分，慈禧身边缺少能干忠心的大臣主持大局，她自然想起了荣禄，而且荣禄又不用担当议和之责，她正好将他叫到身边来。7 日，荣禄也收到了李鸿章的密函，告知联军即将攻保定以及各国公使不肯保护他等事项。荣禄马上电告慈禧，他说："既不能久居保定，又不能前往京津，惟有趋谒行在"，随即起程，由直隶布政使廷雍接管保定防务。就在荣禄走后 5 天，12 日，联军分别自北京、天津出发，前往保定，清军撤出。13 日，联军进驻保定，扣留廷雍，并于 11 月 6 日将其审判斩首，这一行为简直视清廷如无物。荣禄则逃过了这一劫，不然即使掉不了脑袋，还是免不了牢狱之灾，堂堂清朝大臣沦为列强阶下囚，在他看来实在是比死还要难受。11 月 11 日，荣禄抵达西安，慈禧对他恩宠如故。好事还在后面呢，刘坤一、张之洞、李鸿章、奕劻都向各国公使提出，荣禄在交战期间的行为和刚毅、董福祥等人是不一样的，不能相提并论，他们替荣禄仔细地辩白了一番，荣禄明攻暗保使馆的行为使他保住了自己的性命。

10 月 11 日，李鸿章抵京后，和奕劻一起着手议和，同时将进程及列强的要求电达西安的慈禧裁决，慈禧则事事和荣禄商量。议和的过程和内容我们就不多说了，荣禄对当时的形势还是看得很清楚的，他知道李鸿章和奕劻美其名曰是谈判，其实哪里有什么主动权，只能任人宰割罢了。在接到列强的要求后，他也明白这些条件将使原本国力就很衰弱的中国，彻底地一无所有，可有什么法子呢？在给其叔父的信中，荣禄有这样一番感慨：十二条大纲固无必不能行之事，然按条细绎，则将来中国财力兵力恐为彼族占尽，中国成一不能行动之大痨病鬼而后已，奈何! 可怜奕、李，名为全权，与各国开议，其实彼族均自行商定，是日交给条款照会而已，无所谓互议也。然时势如此，实逼处此，不能不为宗社计耳。李鸿章和奕劻希望荣禄在西安催促慈禧尽快同意议和大纲，早日回銮，恢复秩序，慈禧一见议和大纲中没有对她的惩罚，也就放下心来，在与荣禄等人商议后，同意了议和大纲，李鸿章等人于 1901 年 1 月 15 日正式在议和大纲上签字，然后继续与列强商讨细节。

回想起这一年惊心动魄、狼狈不堪、颠沛流离的经历，回想起国家刹那间遭受战乱、京城转眼沦入他人之手，荣禄对载漪、刚毅等人是恨之入骨，说：“恨此辈真甚于恨鬼也。”这里所说的“鬼”，并不是妖魔鬼怪，而是指洋人，近代常以“鬼”称之，所谓洋鬼子是也。

1901 年 9 月 7 日，辛丑条约十二款正式画押。10 月 6 日，慈禧和光绪自西安起程回銮。1902 年 1 月 7 日，回到阔别一年半的北京。

荣禄于 1903 年去世，在 1901 到 1903 年这两年间，荣禄除参与议和外，还参与了不少其他事情。

1901 年 1 月 29 日，清政府在西安下诏变法，是为“清末新政”之始。慈禧认识到，不变法是不行了，于是她决定由自己来主持变法，荣禄对此是非常赞同的。由此可见，并不能因荣禄反对戊戌变法，就断定荣禄是个保守派，实际上他也是愿意变法的，只是要看这个主持变法的人是谁。当朝廷准备回銮时，荣禄还建议慈禧再重申变法自强，他认为，变法一事，关系甚重，朝廷应该再次发布上谕，向天下百姓显示朝廷坚定的变法信念，志在必行的自强决心。慈禧深以为然，于 10 月 2 日颁发懿旨，重申变法自强。

1 月 29 日，下诏变法后，朝廷决定设立督办政务处，作为施行新政的中枢机关。荣禄、李鸿章等人被任命为督办政务大臣。

议和期间，官员吴永奉朝廷之命赴各省催解饷，湖广总督张之洞向他提出，战祸实由大阿哥而起，而他现在还留在宫中，何以平天下人心？而且这祸根不除，难保不出意外，应该及早将他遣送出宫。他让吴永回西安后将他的话上奏给慈禧。吴永回西安后，先找到荣禄商议，荣禄表示同意后，他这才向慈禧说明。慈禧嘱咐吴永不要声张，准备在回銮途中再办理此事。1901 年 11 月 30 日，慈禧废除大阿哥名号，令其立即出宫。其实溥儁还是个小孩，却成为政治斗争的牺牲品，何其无辜!

12 月 8 日，朝廷奖赏有功人员，慈禧颁下懿旨：“荣禄保护使馆，力主剿拳，复能随时赞襄，匡扶大局……大学士荣禄著赏戴双眼花翎，并加太子太保衔。”

此时荣禄已经老且多病，他上疏请求免去他的各项重要差使，以散员身份在朝廷供职，慈禧不同意，说现在百废待兴，他不能置身事外。1903年春，荣禄又以久病不愈，请求解去军机大臣差使，上谕还是不许，要他不必拘定假期，只要病好，就马上入值军机。不久，荣禄病死，是年67岁。

朝廷追赠其为太傅，谥“文忠”，晋封一等男爵。朝廷是这样评价他的：“文华殿大学士、军机大臣荣禄，公忠亮达，才识宏深。……翊赞纶扉，竭力尽心，调和中外，老成持重，匡济时艰。……方冀病痊入直，克享遐龄，长资辅弼；忽闻溘逝，震悼良深。”

荣禄在遗折中表达了这样的愿望：“方今强邻环伺，伏莽未清，财匮民穷，亟须补救。伏愿皇太后、皇上简任贤能，振兴庶务，惩前毖后，居安思危。新政之当举者必以实力推行，成宪之当遵者毋以群言淆惑。善求因革之宜，驯致富强之效。臣赍志以没，饮恨无穷，未能效犬马于今生，犹冀报衔结于来世。”其对清朝的忠心亦表露无遗。

光绪皇帝的岳父
——桂祥

叶赫那拉·桂祥（1849—1913年），满洲镶黄旗人，是慈禧太后的弟弟，爵位是三等承恩公，满洲镶黄旗副督统。他的大姐是慈禧，他的二姐是咸丰皇帝的弟弟醇亲王的福晋。他一共生了三个女儿：大女儿由慈禧做主，成了光绪皇帝的皇后；二女儿被指婚嫁予孚郡王的嗣子贝勒载澍；三女儿被指婚许配给“老五太爷”绵愉的长孙辅国公载泽。桂祥一生无所作为，但因自己一门出了两位皇后的缘故，而门庭显赫。

恨铁不成钢

叶赫那拉·桂祥是慈禧太后的弟弟，在慈禧的安排下，他的女儿嫁给光绪皇帝，就是著名的隆裕皇后，而他也成了光绪皇帝的岳丈。

慈禧太后是家中长女，下有照祥、桂祥、福祥三个弟弟和妹妹婉贞。其父惠征亡故于任上，留下的孤儿寡母一家六口居住在京城劈柴胡同（现辟才胡同），靠钱粮度日。待慈禧入宫之后，咸丰赏下一座宅子，这宅子位于西城新街口北二条，娘儿几个沐皇恩乔迁新居，好不快乐。算起来，这当是慈禧娘家第一次沾慈禧的光。

依大清典制，皇后之父当册封承恩公，可慈禧并没当过皇后，在她之上的慈安才是皇后，她不过是贵妃而已。然而，其子载淳登基成了同治皇帝，依制册封生母慈禧为皇太后，由于大清典制上没有如何册封皇太后娘家人的规定和先例，故依册封皇后的规定恩典皇太后的家人。由此慈禧之父惠征当晋封承恩公爵位，因惠征亡故，于是由慈禧的大弟弟照祥顶替。可照祥无福，当了两年承恩公就亡故了，照祥无后，承恩公爵位便由桂祥顶替。

桂祥除顶替亡兄当了承恩公之外，还当过一任镶黄旗副都统。当然，这是闲职，只拿俸禄。

慈禧对娘家人虽很关照，弟弟受封承恩公，妹妹被她嫁给了七王爷奕譞。不过，大清祖制严禁外戚干政，慈禧没肆意提携叶赫那拉氏族人，因此朝中没有外戚集团。慈禧爱护他们，但从不格外娇宠，也不额外补贴。据太监信修明说：慈禧只以私币，每月给些钱粮，按人口计算，大人四两，小孩二两，仅能维持各家的生活而已。

桂祥才智平平，不学无术，慈禧也是恨铁不成钢。

话说中日甲午之战，清廷以旧式旗兵之神机营、火器营等应战。恭亲王讨好慈禧，推荐让桂祥挂帅。慈禧不许。恭亲王再三请求，慈禧答应了，嘱咐说：国家大事，千万不要以情面对待桂祥；如果不得力，可以杀掉！

桂祥带一军人马出山海关，萨某带一军，祥某带一军。三军并列，大旗上分别列三个大字：萨、桂、祥。

桂祥一看旗帜，放声大哭。左右不知道什么原因，一时人们手忙脚乱，前去劝慰。

桂公府——位于北京朝阳门内的桂祥故居

桂祥急赤白脸地嚷道：你们没看见大旗上写着，杀桂祥！

众人一看，方才明白，不禁暗笑。

桂祥立即派人回京，前往恭亲王府，请求将他撤回。慈禧哭笑不得。

不过，这位桂公爷也干过一件让慈禧满意的事。那就是“庚子之乱”慈禧西行的路上，桂公爷亲自掌辕为慈禧赶车。一路颠簸自然辛苦异常，可回銮之后众人都有赏赐，唯独桂公爷白忙一场。看来慈禧对这位二弟知之甚深，赏他个官当吧，他不是干事的主儿，出了闪失左右不是；赏他珍宝吧，吃不准哪会儿又转送当铺去了……所以，干脆啥也不赏。

据说这位桂公爷还有一项特长，那就是分辨烟土（鸦片），只要他老人家一闻，云土、广土、西土清清楚楚，鲜有失误。

桂祥是块烂泥巴，慈禧想扶也扶不上墙，便把对娘家的疼爱一股脑儿地“恩典”给他的三个女儿，也就是慈禧的侄女。

大女儿静芬在慈禧的操纵下嫁给了光绪，成了隆裕皇后。

二女儿静芳嫁入孚郡王府，成了贝勒载澍的福晋。载澍是近支宗室，后奉旨过继给咸丰九弟孚郡王为嗣。孚郡王殁后，载澍承袭了贝勒爵，依然住孚郡王府。

三女儿静荣嫁给了载泽，载泽也是近支宗室，享公爵爵位。清末朝廷机构改革时任度支部尚书，也就是户部尚书。

被慈禧一手扶植成隆裕皇后的静芬，光绪并不喜欢她，新婚之后，守空房的时候多，承欢的时候少，人前尊贵人后抹泪，没有享受过夫妻恩爱，也没享过天伦之乐。二侄女静芳的境遇跟其大姐静芬有一拼，新婚之后即开战，婆媳不和，夫妻不和，吵架拌嘴斗心眼儿，没过过一天舒心的日子，没享过当娘的乐趣。唯独嫁给载泽的静荣，过上了夫妻和谐、儿孙绕膝的日子，仅此能给慈禧一点慰藉，不然慈禧对娘家侄女的恩典全撂冰山上了，一点成就感都没有。

后 记

HOU JI

本系列图书将清朝重要历史人物尽收其中，展现了清朝三百年的历史风云，披沙沥金，洋洋大观，出版社的编辑和本系列作者为此付出了辛勤的劳动和汗水。此书的出版，得到了中国财富出版社的大力支持，在此，谨向社领导和编辑同志表示由衷的感谢！

在本书的编写过程中，我们参考了大量的相关文献资料，引用了许多专家学者的著作和观点，我们已征求了部分作者的同意并支付了稿酬，但其中一些资料来自互联网和一些非正式出版物，无法联系到原作者，敬请作者见书后及时与此邮箱联系：724176693@qq.com，我们将按照国家有关规定支付稿酬并寄送样书。